PARIS
d'Henri IV

PARIS
d'Henri IV

Textes : Laurent LOISEAU
Photos : Brice AGNELLI

Paris en 1615, plan de Mérian

Paris in 1615, map by Mérian

Avant-propos *Foreword*

par Jean-Pierre Babelon

« Paris vaut bien une messe », la phrase célèbre, qui n'est qu'une forgerie tardive, traduit bien la pensée profonde du roi. Il faut se rendre maître de la capitale, par les armes et par les cœurs, pour devenir vraiment le roi de France, même après l'abjuration de la foi protestante et le sacre à Chartres. Ainsi l'entrée du roi le 22 mars 1594 marque-t-elle une étape décisive dans l'histoire du règne. Henri va faire d'un Paris exsangue un terrain d'expérience pour sa politique de pacification et de réorganisation de l'espace.

La ville elle-même est encore un lacis d'artères étroites et sombres. Aidé par Sully et par une munici-

The celebrated phrase "Paris is well worth a mass" – which was in fact made up after the events – is nevertheless a true interpretation of the king's inner thoughts. Despite both his abjuration of the Protestant faith and his coronation in Chartres, if he was to truly become the king of France he must become the master of the capital, by using force and by winning hearts. Thus it was that the entry of the king into Paris on March 22nd 1594 marked a decisive moment in the history of his reign. Henry would turn Paris, bled white by conflict, into a test ground for his policies of pacification and for the reorganisation of urban spaces.

The town was at that time still a maze of dark and narrow arteries. Aided by the Duke of Sully and a municipality to

palité à laquelle il a donné une nouvelle vigueur, Henri fait recenser les espaces libres à l'intérieur des remparts de Philippe Auguste et de Charles V et y applique les règles d'un urbanisme moderne emprunté aux schémas italiens : des alignements, des places, des façades uniformes. « Sitôt qu'il fut maître de Paris, on ne vit que maçons en besogne » pouvait-on lire dans le Mercure François en 1610. Ainsi naissent le Pont Neuf, dépourvu de maisons, et la place Dauphine, la place Royale, le projet de Place de France. Les équipements nécessaires à une ville moderne ne sont pas oubliés : canalisations et fontaines, hôpitaux, collèges. Au cours de sa

which the king had given new vigour, Henry made an inventory all the free land that lay within the town ramparts built by Philippe Auguste and Charles V. He then introduced the rules of modern urbanism, borrowed from Italian schemas, including alignments, public squares and places, and uniform façades. "As soon as he became master of Paris, one could see nothing but masons at work," observed a gazette, le *Mercure François*, in 1610. This produced the Pont Neuf bridge with no houses built upon it, the Place Dauphine, the Place Royale, and the project for the Place de France. The equipment necessary for a modern town was also included, such as water piping and fountains, hospitals, and colleges of learning. In the course of his widely travelled life,

carrière itinérante, Henri IV a su nouer des liens exceptionnels avec Paris, qu'il qualifiait en 1586 de « miroir et abrégé du royaume », ajoutant en 1590 : « J'aime la ville de Paris comme ma fille aînée ».

L'ouvrage de Laurent Loiseau nous invite à visiter ces espaces parisiens tant aimés par Henri IV et convie le lecteur à le suivre dans des promenades originales enrichies de plaisantes anecdotes qui font revivre les joyeuses déambulations du bon roi.

Jean-Pierre Babelon
Membre de l'Institut
Directeur général honoraire
du château et du domaine
national de Versailles

Henry IV was able to create a very special relationship with Paris. It was a town he described in 1586 as being a "mirror and a summary of the kingdom". In 1590, he added: "I love the town of Paris like I love my eldest daughter."

This work by Laurent Loiseau invites us to visit the places of Paris so loved by Henry IV, taking the reader on a series of unusual, guided journeys through the town. These are enriched by pleasant anecdotes which return the merry wanderings of the good king to life.

Jean-Pierre Babelon
Member of the Institute of France
Honorary Director General
of the Palace and National
Property of Versailles

Introduction *Introduction*

25 août 1818 : Paris est en liesse. On fête la Saint-Louis, et le roi Louis XVIII, pour légitimer son retour trois ans plus tôt, s'apprête à inaugurer, sur le Pont-Neuf construit par Henri IV, la statue équestre du premier Bourbon. Acheminée depuis la fonderie du Roule, elle fait ployer les chevaux et les bœufs, qui s'immobilisent bientôt. D'un seul élan, le peuple de Paris s'attelle au chariot et le mène jusqu'à la pointe du Vert-Galant. Quel symbole : les Parisiens tirant comme un seul homme l'effigie du Béarnais, protestant honni par la Ligue, qui les avait jadis affamés lors d'un siège épouvantable ! Quel prodige de

On August 25th 1818, Paris was alive with jubilant celebrations for Saint-Louis' Day. Near the town centre, a convoy of horses and oxen were straining under their task of pulling a huge equestrian statue of former king Henry IV, inching through the streets from the Roule foundry towards an island at the middle of the Pont Neuf bridge. It was there that the magnificent bronze effigy of France's first Bourbon monarch would, later that same day, be inaugurated by King Louis XVIII. It was a highly symbolic event for Louis, who had been placed on the throne three years earlier.

Before long, the animals were overcome by the weight of their task. Spontaneously, a crowd gathered and began heaving and pushing the great cart to its

l'histoire que de voir les anciens révolutionnaires qui, après avoir mis en pièces la sépulture des Bourbons à la basilique Saint-Denis, portent au pinacle le « bon roi Henri » !

Et Victor Hugo de chanter l'année suivante : « Par mille bras traîné, ce lourd colosse roule (…) Tout un peuple a voué ce bronze à ta mémoire… »

Mal-aimé de son temps, Henri IV a laissé à la France, comme nul autre souverain ne le fit, une empreinte exceptionnelle dans la conscience historique des Parisiens. Car c'est la capitale qui bénéficia le plus des réalisations de ce roi pragmatique et visionnaire à la fois. En

destination on the île de la Cité. It was a remarkable scene, this mass of Parisians helping to transport the statue in honour of the warrior who had once besieged and starved their city. These former revolutionaries, the same who just a few years earlier had smashed the tombs of the Bourbons inside the Saint-Denis Basilica, were now enthusiastically carrying the 'good King Henry', as he was often known, to his site of glory. Victor Hugo wrote the following year: "*By the pull of a thousand arms, this heavy colossus rolls […] an entire people dedicated this bronze to your memory.*"

Although unloved during his lifetime, Henry IV left an exceptional mark on Paris and its population, more so than any other sovereign. It was the capital that benefited

phase avec son temps, il a su capter les aspirations d'une ville encore largement médiévale et mal desservie. Visionnaire, il a su mener de front, malgré d'immenses contraintes financières, une nouvelle idée du faste et de la représentation, avec le projet consensuel d'une ville « commode », au service des habitants. En lui ôtant son « vieux masque de bois et de plâtre » pour lui faire revêtir son nouveau masque de pierre, Henri IV est le premier roi à avoir fait de l'urbanisme, après la conquête effrénée des territoires et de la gent féminine, son cheval de bataille.

Laurent Loiseau

most from the projects of this pragmatic and visionary king. In tune with his time, he responded to the aspirations of a still largely medieval town that had become choked. Despite significant financial con straints, he successfully introduced a consensual project for a town that was to be at the service of its inhabitants, replacing its former structures of wood and plaster with new ones built of stone, and introducing a new interpretation of splendour and representation. After so many years devoted to the conquest of territories and women, Henry IV swapped his war horse for a hobby horse and became the first French king to make a priority out of urbanism.

Laurent Loiseau

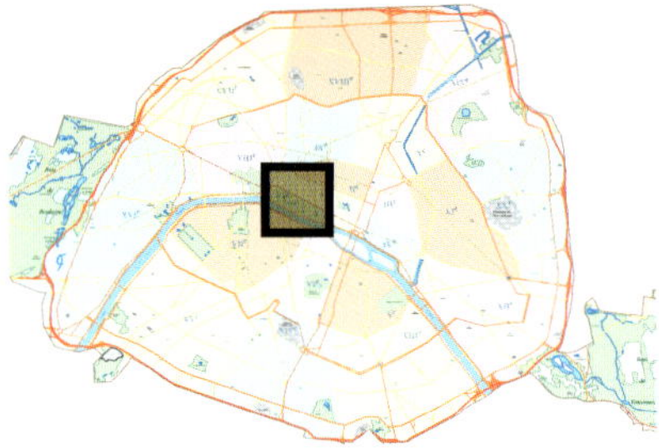

Le Louvre
The Louvre

En décidant de résider au Louvre et de poursuivre les travaux de ses prédécesseurs, Henri IV entame un chantier pharaonique qui plonge les finances du royaume dans l'embarras. Il est vrai que le « grand dessein » qu'il formule en 1604 surpasse les ambitions d'Henri II et de Catherine de Médicis. Le « très grand Louvre » d'Henri le Grand met près de quinze années à supplanter le vieux château médiéval. Malgré son humeur changeante et la prémonition de sa fin prochaine, Henri IV retire une grande satisfaction d'un projet qui l'occupe étroitement, et auquel Napoléon III apportera la touche finale, près de deux siècles plus tard.

By deciding to make the Louvre his residence, and to continue with the construction work begun by his predecessors, Henry IV launched a building site of gigantic proportions, and which would cause great difficulty for his kingdom's finances. The 'Grand Design' that he detailed in 1604 went well beyond the previous ambitions of Henry II and his queen consort Catherine de Medici. Indeed, the "very large Louvre" that replaced the medieval castle took almost 15 years to complete. But despite his frequent mood changes, and an awareness of the imminence of his own death, Henry the Great found great pleasure in the project over which he closely presided – and to which a final touch would be given by Napoleon III, some two centuries later.

IX
RUE DU QUATRE SEPTEMBRE
BD DES CAPUCINES
AVENUE DE L'OPÉRA
RUE D. CASANOVA
Rue Cambon
Rue Duphot
Rue du Chevalier de St-Georges
Manège Duphot
Ministère de la Justice
Éc. Mat. Ritz Escoffier
N-D de l'Assomption
Place M. Barrès
Cour des Comptes
Cour Vendôme
Place Vendôme
Pkg Vendome
Rue St-Honoré
Rue de Mondovi
Rue du Mont Thabor
Rue Rouget de Lisle
Rue de Castiglione
RUE DE RIVOLI
Impasse Gomboust
Rue Gomboust
Passage des Jacobins
Place du Marché St-Honoré
Éc. Mat. la Sourdière
Rue de Ventadour
RUE DES PETITS CHAMPS
Bibliothèque Nationale
Rue des Moulins
Rue Villedo
Rue Thérèse
Pyramides
Éc. Primaire St-Roch
Rue St-Hyacinthe
Rue du Marché St-Honoré
Rue de La Sourdière
Rue St-Roch
Pkg Pyramides
St-Roch
Passage St-Roch
Rue des Pyramides
Rue Ste Anne
Rue Molière
Rue de Richelieu
Rue de Montpensier
Rue de Beaujolais
Gal. de Beaujolais
Jardin du Palais Royal
Rue de Valois
Gal. de Valois
Banque de France
Rue Radziwill
Rue Croix des Petits Champs
Rue d'Alger
Rue du 29 Juillet
Terrasse des Feuillants
Tuileries
Rue St-Honoré
Rue d'Argenteuil
Rue de l'Échelle
Coll. J.-B. Poquelin
Place des Pyramides
Place A. Malraux
Comédie Française
Palais Royal
Gal. d'Orléans
Place de Valois
Passage Vérité
Rue des Bons Enfants
Rue Montesquieu
Place Colette
Ministère de la Culture
Jardin des Tuileries
Musée de la Publicité, de la Mode et du Textile
RUE DE RIVOLI
Rue de Rohan
Palais Royal - Musée du Louvre
Place du Palais Royal
Rue St-Honoré
Pkg Le Louvre
Rue de Marengo
L'Oratoire
Pkg Carrousel Louvre
Avenue du Général Lemonnier
Arc de Triomphe du Carrousel
Terrasse du Bord de l'Eau
QUAI DES TUILERIES
Port des Tuileries
Passerelle Léopold Sédar Senghor
Jardin du Carrousel
Place du Carrousel
Cour Napoléon
Pyramide
Musée du Louvre
Cour Carrée
Louvre-R
RIVE GAUCHE
Musée d'Orsay
QUAI ANATOLE FRANCE
Pont Royal
QUAI DES TUILERIES
QUAI F. MITTERRAND
Jardin de l'Infante
Port du Louvre
VIIe
Caisse des Dépôts et Consignation
QUAI VOLTAIRE
Pont du Carrousel
Port des Sts-Pères
La Seine
Pont des Arts
QUAI MALAQUAIS
Ministère de l'Industrie
Annexes Ministérielles
Institut
Square

Le Grand Dessein d'Henri IV

galerie des Cerfs

Château de Fontainebleau

Découverte sous un crépi moderne lors de la restauration de la galerie des Cerfs du château de Fontainebleau, cette peinture illustre le « grand dessein » du roi pour le Louvre. On remarque la dimension de la cour Carrée, quatre fois supérieure à la surface du château médiéval. La jonction avec le château des Tuileries (dans la partie supérieure de l'illustration) est réalisée. Les galeries parallèles à la Grande Galerie annoncent les travaux de Napoléon III, le long de la rue de Rivoli. Le projet d'Henri IV d'édifier « la plus belle maison du monde » sera réalisé, dans ses grandes lignes, deux siècles et demi plus tard.

The Grand Design of Henry IV

Gallery of Stags, Château of Fontainebleau

This painting, discovered below modern rough-cast during the restoration of the Gallery of Stags in the Château of Fontainebleau, shows the king's 'Grand Design' for the Louvre. A striking detail is the size of the Cour Carrée (Square Courtyard), four times greater than that of the medieval castle. The junction with the Tuileries Palace (visible top right) was already in place. The galleries running parallel to the Grande Galerie (Grand Gallery) trace the lines of later construction under Napoleon III, along the *rue de Rivoli*. Thus it was that Henry IV's ambition to build "the most beautiful residence in the world" would be finally completed, in its broad design, two and a half centuries later.

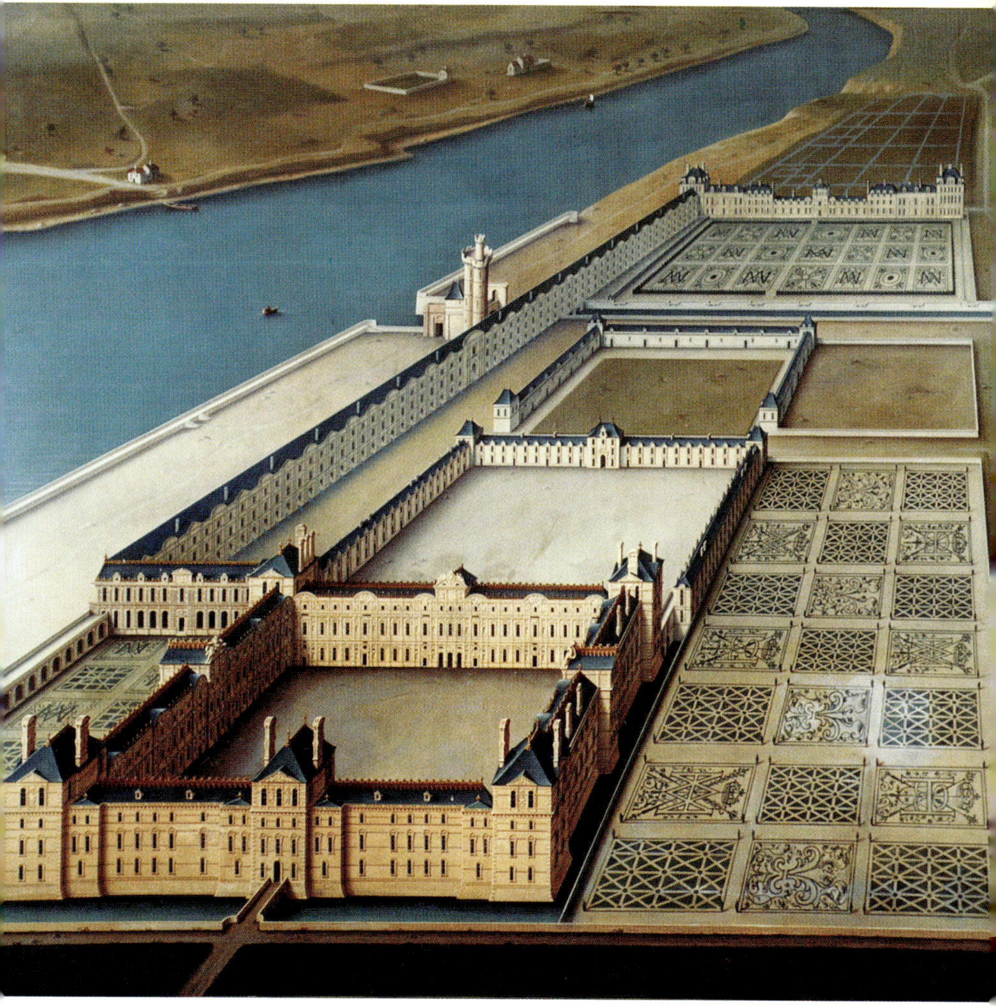

La Grande Galerie

Quai François-Mitterrand, façade Seine

La Galerie du bord de l'eau est la principale réalisation d'Henri IV pour le Louvre, entre 1595 et 1610. Longue de 450 mètres, elle est l'œuvre des architectes Louis Métezeau et Jacques II Androuet du Cerceau. Le pavillon de Flore, que l'on voit ici, sera rebâti par Lefuel. Le projet de relier les Tuileries au Louvre avait originellement été formulé par Catherine de Médicis, qui avait souhaité qu'une vaste galerie fît office d'abri en cas d'intempéries et de retraite vers le Louvre fortifié. Le rez-de-chaussée voûté pouvait accueillir des hommes en armes ; l'entresol et le premier des deux étages furent dévolus aux ateliers d'artistes.

The Waterside Gallery was Henry IV's major construction project for the Louvre, and was built between 1595 and 1610. The 450 metre-long edifice was the work of the architects Louis Métezeau and Jacques II Androuet du Cerceau. The Pavillon de Flore, pictured here, was built by Lefuel. It was Catherine de Medici who originally had the idea of connecting the Tuileries to the Louvre with a vast gallery that would serve both as a shelter against bad weather and provide a means of retreating to the fortified Louvre. The arched ground floor could contain thousands of men-in-arms, while the entresol and the first of the two floors housed artists' workshops and studios.

The Grand Gallery

the façade along the river Seine, from the Pavillon Flore to the Small Gallery

Façade de l'aile Rohan

Au nord de l'arc de triomphe du Carrousel

Pour se représenter la Grande Galerie d'Henri IV édifiée le long de la Seine, il faut observer les travaux… de Napoléon Ier ! L'aile Rohan a en effet été conçue sur le modèle de la Galerie du bord de l'eau. Percier et Fontaine ont reproduit « l'ordre colossal » utilisé à l'époque par Louis Métezeau : une façade ornée de pilastres, c'est-à-dire de colonnes à face plate et rainurée, formant une légère saillie sur le mur dans lequel elles sont engagées sur toute la hauteur dans un effet de verticalité. À l'équerre, une curiosité due à l'épaississement de la galerie le long de la rue de Rivoli, par Lefuel : le seul mur du Louvre qui ne comporte aucune ornementation.

Today, it is this edifice built under Napoleon I which allows us a proper idea of what Henry IV's Grand Gallery along the river Seine looked like. The Waterside Gallery served as the model for the Rohan wing. Charles Percier and Pierre-François-Léonard Fontaine reproduced the 'colossal order' previously employed by Louis Métezeau with a façade decorated with pilasters – flat and fluted columns that together form a slightly protruding, vertical projection along the full height of the wall. Along the right angle of the joined façades is the only wall of the Louvre that is not decorated, a curiosity due to Lefuel's broadening of the gallery along the *rue de Rivoli*.

Façade of the Rohan wing

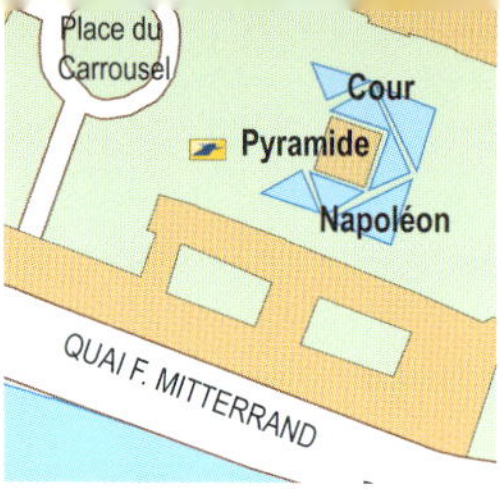

La Grande Galerie,
détail de la façade
Quai François-Mitterrand, entre les guichets et la Petite Galerie

Si la Grande Galerie ne ressemble plus vraiment à la Galerie du bord de l'eau d'Henri IV, les monogrammes qui se succèdent rappellent les travaux du roi. Le « H » d'Henri IV est maintes fois répété. Il se mêle parfois au « G » de Gabrielle d'Estrées, auquel il est étroitement enlacé autour du flambeau de l'hymen, car Gabrielle est celle que le roi avait décidé d'épouser. Henri IV traitait ses affaires en arpentant sa galerie, dans laquelle était également pratiquée la liturgie royale, comme le toucher des écrouelles. Les jours de pluie, le roi y faisait jouer le dauphin, dans un petit carrosse tiré par deux dogues.

While the Grand Gallery today no longer truly resembles Henry the Great's Waterside Gallery, some of the original construction is still visible, illustrated by the monograms – 'H' for Henry IV, sometimes joined with a 'G', for Gabrielle d'Estrées,who the monarch wished to marry, the two enlaced around the torch of Hymenaios.. Many others were removed upon the order of queen consort Marie de Médici. Henry IV went about his affairs of state while wandering the gallery. It is also where the royal liturgy was performed, when the monarch administered the 'King's Touch', in which he would attempt to cure the disease of scrofula by the divine power of his contact. During bad weather, the dauphin would play here.

The Grand Gallery
detail of the façade along the quai François-Mitterrand, between the grilles and the Small Gallery

La Petite Galerie

Quai François-Mitterrand

La Petite Galerie est un élément du « grand dessein » d'Henri IV. Rehaussant le portique à arcades de Charles IX, Jacques II Androuet du Cerceau conçut un corps de bâtiment assez mince – une dizaine de mètres de large – et des façades à l'architecture de type colossal avec de grands pilastres corinthiens. À l'étage, elle abritait la Galerie des rois. Après l'incendie de 1661, elle deviendra la Galerie d'Apollon. On y découvre aujourd'hui l'ensemble des portraits royaux et des architectes du Louvre qui ont également contribué à remodeler Paris.

The Small Gallery was part of Henry IV's 'Grand Design'. Raising the height of the construction of Charles IX, architect Jacques II Androuet du Cerceau designed a relatively slim building – some ten metres wide – with façades built in the colossal order, including large Corinthian pilasters. The Kings' Gallery was built on the first floor level. Following a fire in 1661, it became the Gallery of Apollo. Today it contains all the royal portraits alongside others depicting the different architects of the Louvre, who also contributed to the re-modelling of Paris.

The Small Gallery

Le chiffre d'Henri de Bourbon

Cour Carrée, façade sud

Dans la cour Carrée du Louvre, édifiée par Lescot, Henri IV achève les travaux de l'aile sud sur laquelle on repère à certains endroits le « K » du roi Charles IX. Henri appose son chiffre, porté par une frise de putti : « HDB » pour Henri de Bourbon. C'est ici, dans l'angle formé par l'aile sud et l'aile ouest du pavillon de l'Horloge, que l'on doit imaginer l'ancien château du Louvre, dont les extraordinaires fondations peuvent être visitées dans le parcours médiéval de la partie basse du musée.

It was in the Cour Carrée, built by Lescot, that Henry IV completed the work on the South Wing of the Louvre. Upon it can still be seen inscribed the letter 'K', standing for King Charles IX. Henry proceeded to have his own monogram engraved there, 'HDB' for Henri de Bourbon, held in a frieze by figures of putti. It is here, in the angle formed by the south and the west wings of the Pavillon de l'Horloge (the Clock Building), that a visitor might best imagine what the former Louvre castle was like. Its foundations are still visible in the medieval section of the lower part of the museum.

The monogram of Henry of Bourbon

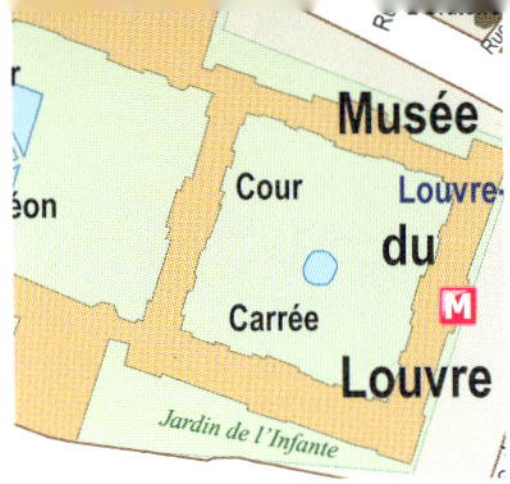

La salle des Cariatides

Aile Sully, rez-de-chaussée, salle 17

La salle des Cariatides, aménagée par Pierre Lescot et le sculpteur Jean Goujon, est au cœur du nouveau Louvre à partir d'Henri II. Henri IV rendit la justice dans la partie appelée « le tribunal », sous le plafond de bois en partie doré, du côté de l'imposante cheminée qui, elle, date de l'Empire. Dans l'autre partie, la salle des fêtes présente l'exceptionnelle tribune soutenue par quatre figures féminines, les Cariatides, utilisées en France pour la première fois. Les musiciens grimpaient par une porte aujourd'hui masquée par la plaque décorative. C'est dans cette salle que l'effigie en cire d'Henri IV fut exposée au public après le meurtre du souverain.

The Salle des Caryatides (Hall of the Caryatides), created by the architect Pierre Lescot and the sculptor Jean Goujon, was at the very heart of the new Louvre ever since the reign of King Henry II. It was in the section called 'the court', where now stands an imposing Empire-period fireplace, that Henry IV dispensed justice under a wooden ceiling, partially decorated in gold leaf. In the other part of what was essentially a place of entertainment is the musicians' gallery, supported by four Caryatides – pillars in the form of feminine figures. An element of ancient Greek architecture, this was the first time it had been used in France. The musicians' door is now covered by a decorative plaque. It was also here where, following his assassination, a wax effigy of Henry IV was exposed to the public.

Hall of the Caryatides

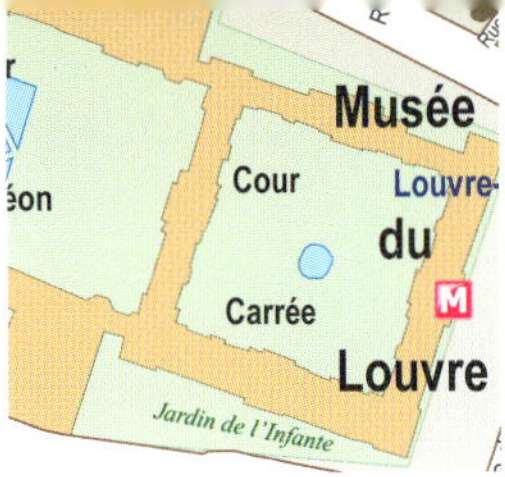

Salle des Empereurs

Ancienne salle des Antiques

Art romain, rez-de-chaussée de la Grande Galerie

Au rez-de-chaussée de la Grande Galerie, la salle des Empereurs aussi nommée salle des Ambassadeurs, conçue par Louis Métezeau pour Henri IV, est l'une des salles les plus importantes de l'histoire du Louvre. Dans cette salle des Antiques, le roi expose ses cadeaux diplomatiques, créant ainsi, pour la première fois, une véritable scénographie muséale. Le dallage de marbres pyrénéens, noir, rouge et jaspé, et le camaïeu noir et blanc des peintures ne seront achevés qu'en 1610. La pièce d'honneur était la *Diane à la biche*, premier grand marbre antique qu'ait possédé le roi de France. La salle recevra son décor actuel sous Napoléon III, entre 1865 et 1868.

On the ground floor of the Grand Gallery is the Salle des Empereurs (Hall of Emperors) also called the Salle des Ambassadeurs (Ambassadors' Hall), designed for Henry IV by Louis Métezeau, and which is one of the most important halls in the history of the Louvre. It is in this former Hall of Antiquities that the king exposed the diplomatic gifts he received, thus creating the first museum-like scenography. The black, red and mottled slabs of the Pyrenees marble flooring, and the black and white monochrome of the paintings, were completed only in 1610. The prize object of the hall was the sculpture of *Artemis with a Doe*, the first ancient marble statue to belong to the king of France. The current decorations of the hall date from between 1865 and 1868, during the reign of Napoleon III.

Hall of Empereurs

former Hall of Antiquities

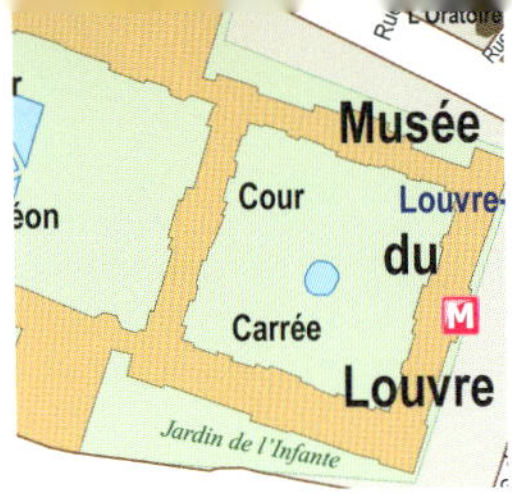

Diane à la biche

Aile Sully, rez-de-chaussée, salle 17

Diane pour les Romains, la statue représente l'Artémis grecque, sœur jumelle d'Apollon. Chasseresse inlassable au regard vengeur, elle semble prête à punir l'outrage des hommes. Sous l'influence du Primatice, l'époque de François Ier avait vu se développer le goût pour la copie d'antiques en bronze. En 1602, Barthélemy Prieur réalisa pour Henri IV la restauration de la célèbre *Diane*, arrivée à la cour de France sous Henri II. On installa l'original dans la salle des Antiques du Louvre et l'on plaça l'année suivante une copie de bronze sur une nouvelle fontaine du jardin de Fontainebleau.

The statue represents the ancient Greek goddess Artemis, twin sister of Apollo, and who the Romans called Diana. It is also known as the *Diana of Versailles*. A tireless hunter with a vengeful stare, she appears ready to punish the outrages of mankind. It was under the reign of King Francis I that a fashion for bronze copies of ancient statues developed, a trend influenced by the Italian artist and architect Francesco Primaticcio. In 1602, Barthélemy Prieur restored the statue of Artemis, which first arrived in France during the reign of Henry II, and it was placed in the Louvre's Salle des Antiques (Room of Antiquities). A bronze copy was placed the following year above a newly completed fountain in the gardens of the Château of Fontainebleau.

Artemis with a Doe

Sully wing, ground floor, room 17

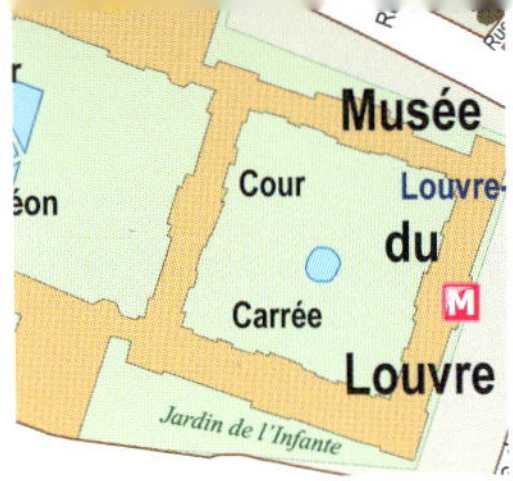

Chambre de parade du roi

Aile Sully, 1er étage

Ce décor somptueux de la chambre de cérémonie du lever, aussi utilisée comme salle du conseil, occupait auparavant l'un des trois étages de l'actuelle salle des Sept-Cheminées. Le décor de la chambre où l'on avait couché Henri IV mourant, mais que Louis XIV avait également habitée, fut sauvegardé, puis remonté au XIXe siècle, dans un « Musée des souverains ». Les boiseries dorées, faites de trophées d'armes et de symboles militaires, furent créées pour Henri II par Scibec de Carpi. Elles sont parmi les plus belles de la Renaissance.

The sumptuous décor of this room, used for the ceremony known as 'the king's levee' and also for meetings of the sovereign's council, previously filled one of the three floors that today make up the Salle des Sept-Cheminées (Hall of Seven Chimneys). It is where Henry IV was taken to lie after his fatal stabbing in 1610, and where Louis XIV once took his residence. The decorations were later placed in safekeeping and finally re-assembled, in the 19th century, in a 'Museum of French sovereigns'. The gold-leafed wood panelling, made up of arms trophies and military symbols, were originally created for Henry II by the Italian joiner and cabinet-maker Francisque Scibec de Carpi. They are among the most magnificent of any from the Renaissance period.

Chambre of the parade du roi

Sully wing, ground floor

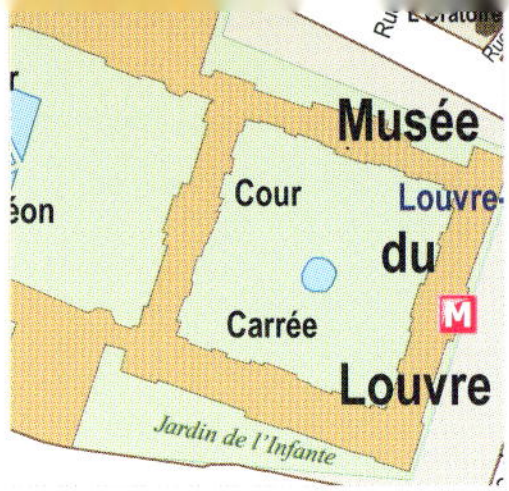

La salle des Sept-Cheminées

Aile Sully, 1er étage

L'ancienne chambre de parade occupe désormais toute la hauteur du pavillon. Les deux chambres à coucher se trouvaient ici, ornées de leurs décors somptueux en bois du Brésil, aujourd'hui installées dans l'aile de la Colonnade. Au niveau supérieur, un autre appartement était éclairé par de hautes fenêtres. Le nom de la salle rappelle les souches des cheminées qui servaient autrefois à chauffer les lieux. C'est le départ, en 1674, de Louis XIV pour Versailles, qui marqua la fin des séjours royaux dans le Vieux Louvre. Le Prince-président Louis-Napoléon Bonaparte y présenta, en 1851, la salle de la Peinture française.

The former Chambre de Parade now occupies the entire top of the building. Previously, this was the site of two bed chambers decorated in sumptuous Brazilian wood panelling, now relocated in the Colonnade wing. On the upper level, another apartment was lit by tall windows. The name of the hall (Seven Chimneys) derives from the seven chimney flues that once warmed it. It was Louis XIV's departure for Versailles in 1674 that marked the end of royal residency in the Old Louvre. In 1851, under under the Prince-President Louis-Napoléon Bonaparte, the hall became home to a collection of French paintings.

Hall of Seven Chimneys

Sully wing, 1st floor

620-480 av. J.-C.

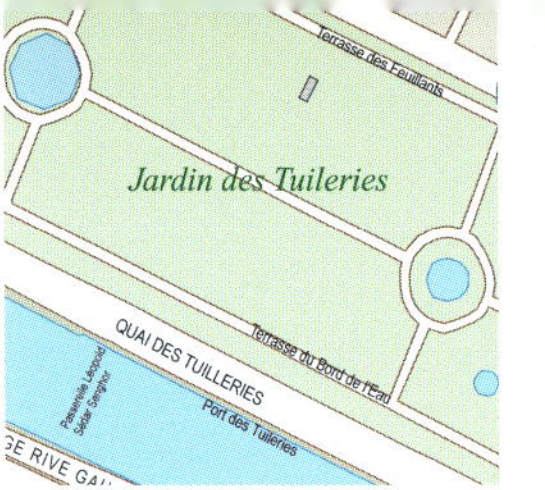

Le jardin des Tuileries

Jardin des Tuileries

Le mûrier du jardin des Tuileries évoque le rôle déterminant que joua Henri IV dans l'essor des magnaneries. Sur les conseils d'Olivier de Serres, quinze mille plants de mûriers, dont les feuilles nourrissent le ver à soie, furent plantés à l'emplacement actuel de la terrasse des Feuillants qui longe la rue de Rivoli. Quant au jardin Neuf, il faisait aussi partie du « grand dessein » d'Henri IV, avec ses dentelles de buis autour du grand bassin alimenté par la pompe de la Samaritaine. Le roi aimait s'y promener en compagnie de son fils, le futur Louis XIII, dont ce jardin était le terrain de jeu favori.

The mulberry tree in the Tuileries Gardens evokes the decisive contribution of Henry IV to the development of silk-worm breeding. The worms feed on the leaves of the mulberry, and it was on the advice of agronomist Olivier de Serres that some 15,000 of the trees were planted where the Feuillants Terrace currently stands alongside the *rue de Rivoli*. The Jardin Neuf (New Garden) – with its laces of box trees surrounding the waters of the grand pond filled by the riverside Samaritaine pump – was also part of Henry IV's 'Grand Design'. The king enjoyed walking here in the company of his son, the future King Louis XIII, who adopted it as his favourite play area.

The Tuileries Gardens

Église Saint-Germain-l'Auxerrois

2, place du Louvre (1er)

À l'aube du 24 août 1572, alors que le Béarnais et la reine Margot viennent de fêter leurs noces dans le splendide hôtel du Petit-Bourbon qui se dresse devant les fossés du Louvre, le clocher de la paroisse royale résonne. C'est le signal : la sonnerie de l'office des Matines de la Saint-Barthélemy à Saint-Germain-l'Auxerrois – que l'on distingue au centre du cliché et au second plan, à ne pas confondre avec le beffroi, à gauche – signe l'arrêt de mort de Coligny et de trois mille huguenots, à Paris. Le prince de Condé et le futur Henri IV échappent au massacre au prix d'une conversion éclair. Navarre demeurera prisonnier à la cour jusqu'en 1576, date à laquelle il pourra rejoindre sa région natale.

It was at dawn on August 24th, 1572, shortly after Henry of Navarre, the future King Henry IV, had celebrated his marriage with Marguerite de Valois in the splendid Petit-Bourbon mansion overlooking the Louvre ditches, when the belltower of the royal parish church began resonating. It was a signal; the sounding of the matins at the Saint-Germain-l'Auxerrois Church (centre background of picture) announced the death sentence on Huguenot leader Gaspard de Coligny and the massacre in the capital of three thousand of his Protestant followers. It was only by their sudden conversion to Catholicism that Henry and his cousin, the Prince of Condé, escaped execution. Henry remained a prisoner of the court until 1576, when he fled to his native region in south-west France.

The Saint-Germain-l'Auxerrois Church

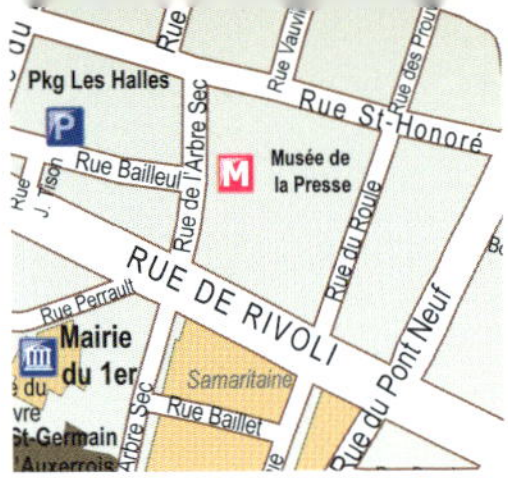

La fontaine de la Croix-du-Trahoir

Angle de la rue de l'Arbre-Sec et de la rue Saint-Honoré (1er)

« Menez-moi à la Croix-du-Trahoir, on verra après », avait lancé Henri IV à ses valets, quelques minutes avant de succomber sous les coups de Ravaillac. La Croix-du-Trahoir est située à l'extrémité de la rue de l'Arbre-Sec, cette dernière rappelant l'ancien gibet de Saint-Germain-l'Auxerrois. Construite par François Ier, c'est l'une des fontaines qu'Henri IV se donna les moyens de reconstituer dans leur ancienne splendeur en rénovant l'approvisionnement en eau de la ville. Réaménagée par François Miron en 1606, elle fut ensuite reconstruite par Soufflot en 1775.

"Take me to the Croix-du-Trahoir, we'll see about the rest afterwards," ordered Henry IV to his servants moments before he succumbed to the knife attack by François Ravaillac. The fountain is situated at the end of the *rue de l'Arbre-Sec*, a street that takes its name (Dry Tree) from the gibbet of Saint-Germain-l'Auxerrois. The fountain, dating from the reign of King Francis I, was one of several in Paris that Henry IV had rebuilt to their former splendour during renovation work on the capital's water supplies. Restored by François Miron in 1606, it was the subject of a second rebuild in 1775 by the architect Jacques-Germain Soufflot.

The Croix-du-Trahoir fountain

LONGCHAMP
RUE DE L'ARBRE SEC
FICHOT

Le Pont-Neuf
The Pont-Neuf
et la place Dauphine
and the Place Dauphine

Les tableaux du musée Carnavalet, qui brossent l'évolution de Paris depuis Lutèce, soulignent l'ampleur des changements intervenus dans le paysage urbain depuis l'aménagement du Pont-Neuf et de la place Dauphine. Auparavant, quand les maisons bordaient tous les ponts, les Parisiens ne se rendaient pas compte qu'ils traversaient leur fleuve. L'ensemble formé par le nouveau pont, la place et la nouvelle rue Dauphine – première rue droite – révèle pour la première fois une conception visionnaire de l'harmonie urbaine où l'activité quotidienne, les loisirs et l'esthétique vont de pair. Le Pont-Neuf fait ainsi entrer Paris dans un nouvel âge.

The paintings in the Carnavalet Museum, which trace the history of Paris from the period of Lutetia, highlight the extent of change in the urban landscape since the building of the Pont Neuf and the Place Dauphine. Previously, when the bridges were lined with houses, the townsfolk could hardly tell that they spanned the river. The form of the new bridge, and the Dauphine square and street – the first straight road in the capital – revealed a vision of urban harmony in which daily activity, leisure and aesthetics were held in equal consideration. The Pont Neuf introduced Paris into a new era.

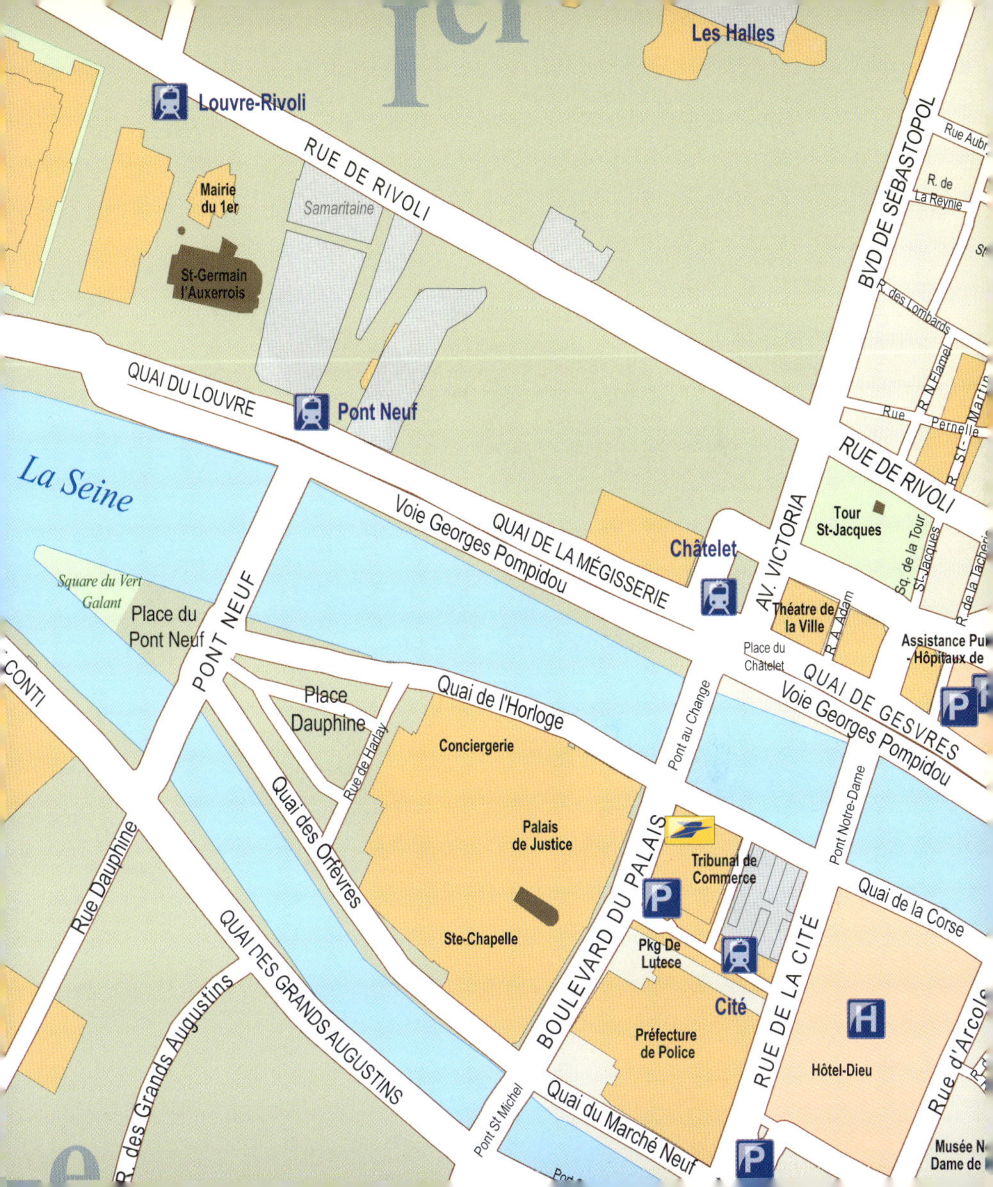

1er
Les Halles
Louvre-Rivoli
RUE DE RIVOLI
Mairie du 1er
Samaritaine
St-Germain l'Auxerrois
QUAI DU LOUVRE
Pont Neuf
La Seine
BVD DE SÉBASTOPOL
Rue Aubr
R. de La Reynie
R. des Lombards
R. N.Flamel
Rue Pernelle
R. St-Martin
RUE DE RIVOLI
Tour St-Jacques
Sq. de la Tour St-Jacques
R. de la Tacherie
AV. VICTORIA
Châtelet
Théatre de la Ville
R. A. Adam
Place du Châtelet
Assistance Pu - Hôpitaux de
QUAI DE LA MÉGISSERIE
Voie Georges Pompidou
QUAI DE GESVRES
Voie Georges Pompidou
Square du Vert Galant
Place du Pont Neuf
PONT NEUF
CONTI
Place Dauphine
Rue de Harlay
Quai de l'Horloge
Pont au Change
Conciergerie
Palais de Justice
Ste-Chapelle
Quai des Orfèvres
Rue Dauphine
QUAI DES GRANDS AUGUSTINS
R. des Grands Augustins
BOULEVARD DU PALAIS
Tribunal de Commerce
Pkg De Lutece
Cité
Préfecture de Police
RUE DE LA CITÉ
Pont Notre-Dame
Quai de la Corse
Hôtel-Dieu
Rue d'Arcole
Musée N Dame de
Pont St Michel
Quai du Marché Neuf

VEDETTES DU P

Vedettes du Pont Neuf
Vedettes du Pont Neuf
Paris

Un pont-promenade

Le Pont-Neuf (1er)

En posant la première pierre du Pont-Neuf, le 31 mai 1578, Henri III répondait à un impératif économique : désengorger le passage de la Seine et permettre aux habitants du bourg Saint-Germain de bénéficier d'un pont plus proche que le pont Saint-Michel. Henri IV ira beaucoup plus loin dans la conception du nouveau pont : construit sans aucune maison sur ses parapets, doté de larges trottoirs de pierre et non de bois, ainsi que de tourelles en demi-lune nichées dans les becs de pile, le pont s'impose, en 1607, comme la première promenade panoramique des Parisiens, qui peuvent l'emprunter gratuitement.

When Henry III placed the first building stone of the Pont Neuf (New Bridge) on May 31, 1578, it was in response to an economic requirement. It removed the bottleneck from the Saint Michel bridge across the Seine and allowed the inhabitants of the Saint-Germain district a closer, more convenient route over to the right bank. Henry IV would raise the plans for the bridge to a new level, removing all housing appendages on its parapets, lining it with large pavements in stone instead of wood, and adding semi-circular turrets that jut from its bearing piles. In 1607 it became the town's principle panoramic promenade site. Furthermore, it could be used free of charge.

A bridge for a promenade

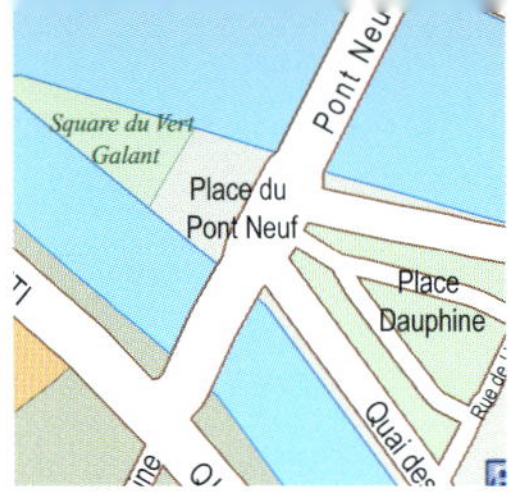

Les mascarons

Le Pont-Neuf (1er)

Il faut attendre la nuit et son éclairage magique pour admirer les mascarons du Pont-Neuf, qui demeurent une ornementation méconnue, que l'on découvre à la base des consoles qui supportent l'encorbellement de la corniche. Ces masques grotesques de faunes grimaçants, au nombre de 384, sont tous différents. Ils font partie d'une série réalisée sous le règne d'Henri IV par plusieurs sculpteurs inconnus. Attaqués par le temps et la pollution, ils ont été remplacés par des copies. Quatre des mascarons originaux sont exposés dans la salle Henri-IV du musée Carnavalet.

It is best to wait until nightfall, and the wonderful spot-lighting of the bridge, to discover the 'mascarons'. That is the name of the grotesque and grimacing masks of fauns that peer out from the bases of the consoles under the cornice. Each one of these 384 faces is different, the work of unknown sculptors during the reign of Henry IV. After they became degraded by the combined effects of weather and pollution, they were replaced with the copies present today. However, four of the original 'mascarons' can still be seen in the Carnavalet museum, in the section dedicated to Henry IV.

Carved faces of the grotesque

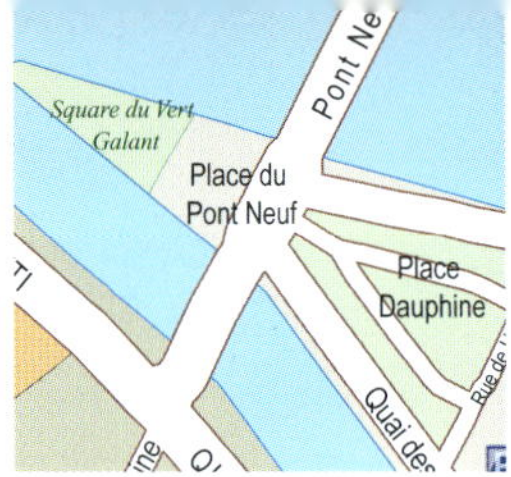

Façades

Le Pont-Neuf (1er)

Dans l'esprit du roi, le pont doit faire partie d'un ensemble urbanistique censé changer la vie des Parisiens. Sous la direction du premier président du Parlement de Paris, Achille Harlay, la place Dauphine – baptisée en l'honneur du futur Louis XIII – est donc aménagée en 1607, en lieu et place des jardins du vieux palais de la Cité. Elle est bordée d'immeubles en brique à chaînages de pierre aux façades identiques, hauts de trois étages, rez-de-chaussée compris. Le temps et le laxisme ont altéré l'harmonie initiale en autorisant l'élévation d'étages supérieurs sur les immeubles d'origine.

For the king, the bridge was to be part of a wider urban plan which would change the lives of the town's inhabitants. It was thus that the Place Dauphine – given its name in honour of the dauphin, the future King Louis XIII – was built in 1607 on the site of the gardens of the old palace of the Cité. The construction was overseen by the first president of the Paris Parliament, Achille Harlay. It is bordered by buildings that were given a maximum height of three floors (including the ground floor), constructed in brick and stone clamps, all with identical façades. Unfortunately, their original harmony was altered by authorisations later granted for the building of extra floors.

Façades

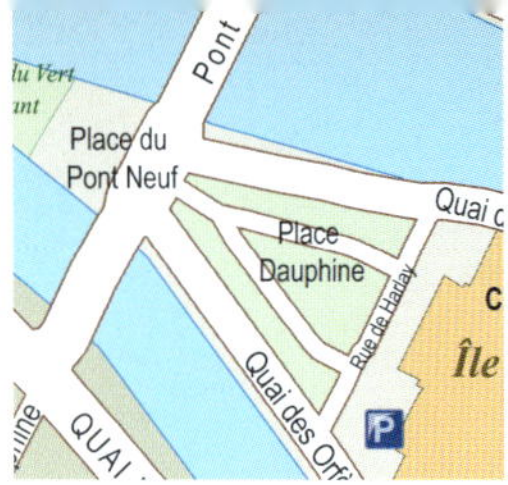

La place

Place Dauphine (1er)

Contrastant avec les volumes démesurés de la place Royale (la place des Vosges) entamée quatre ans auparavant, la place Dauphine apparaît comme un écrin de simplicité, abritant, dans l'intimité d'un triangle clos, une série de boutiques sous arcades. Destinée à attirer le commerce et favoriser les loisirs, la place offre une circulation originale, avec une entrée située en haut du triangle, côté pont, et une sortie au milieu de sa base, rue de Harlay. Là encore, le temps a fait des ravages et les maisons du côté est furent abattues en 1874 pour mettre en valeur la nouvelle façade du Palais de justice.

The Place Dauphine appears like a haven of simplicity in contrast with the immoderate proportions of the Place Royale (now called the Place des Vosges), which was begun four years earlier. The closed, triangular shape of the Place Dauphine contained a line of shops sheltered under the arcades. Destined to attract commerce and to favour leisure activities, the space is organised around an original plan of circulation via an entrance at the top corner of the triangle, and an exit at the middle of its base onto the *rue de Harlay*. This original design was eventually destroyed when the buildings on the east side were removed in 1874 to give the new façade of the neighbouring justice courts, the Palais de Justice, more prominence.

The square

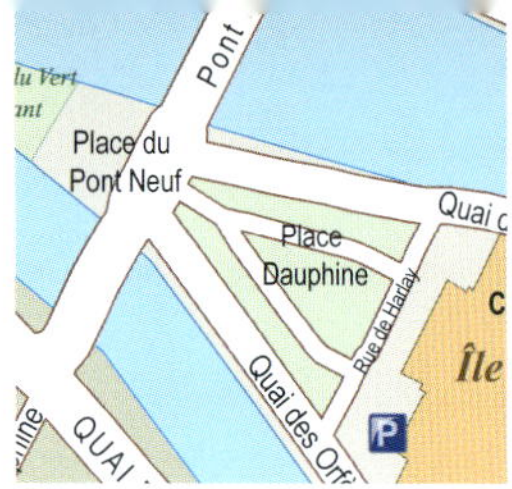

La statue d'Henri IV

les bas-reliefs du piédestal

Place Dauphine (1er)

L'érection du premier monument équestre royal en France fut un événement considérable pour les Parisiens. Car c'est la première fois que l'effigie d'un souverain était exposée en place publique. En revanche, sa conception et son acheminement furent un cauchemar pour l'initiatrice du projet, la reine Marie de Médicis. La mort prématurée du sculpteur, Jean de Bologne, puis le naufrage du navire qui la rapportait d'Italie retardèrent, jusqu'en 1614, son inauguration par le jeune Louis XIII. La majesté altière du roi à cheval fut complétée quatre ans plus tard par un bas-relief idyllique où l'on voit le souverain distribuer du pain aux Parisiens affamés. Quant au monument actuel, il date de 1818.

The erection of the first equestrian monument dedicated to royalty in France was a doubly significant event for Parisians, for it was also the first time that the effigy of a sovereign had been displayed in a public place. However, its conception and transportation became a nightmare for Queen Marie de Medici, who created the project. Initially delayed by the premature death of its sculptor, Jean de Bologne, and then again by the sinking of the boat transporting it from Italy, the statue was finally inaugurated in 1614 in the presence of the young Louis XIII. This work of lofty majesty was finalised four years later with the inclusion of an idyllic illustration on its low relief, showing the king distributing bread to the town's starving population. The monument that stands at the spot today dates from 1818.

The statue of Henry IV

the low relief of the pedestal

La statue d'Henri IV
les Quatre Captifs

Musée du Louvre, cour Marly, salle des statues Renaissance (1er)

Ces magnifiques bronzes de Francqueville et Bordoni flanquaient les quatre angles du piédestal de la statue équestre du roi Henri IV. Dans un style maniériste, ils incarnent les quatre parties du monde et les âges de la vie, soulignant la puissance spirituelle de la monarchie. Les bras fermement attachés dans le dos par une corde, ils évoquent les « triomphes » de l'art romain qui honoraient le général victorieux. Lors de la destruction du monument à la Révolution, en 1792, seuls les Captifs furent épargnés en raison de « leur dessin svelte et léger qui honorait les premières antiquités de la France ».

These magnificent bronze statues, the work of Pierre Francqueville and Francesco Bordoni, flanked the equestrian statue of King Henry IV at each of its four corners. In the Mannerist style, they embody the four parts of the world and ages of life, while underlining the spiritual power of the monarchy. Their arms firmly bound in rope behind their backs, they recall the 'triumphs' as depicted in Roman art in honour of victorious generals. When the equestrian monument was attacked and destroyed in 1792, following the Revolution, only these Captives were spared – because of their "slender and light design which honoured the first antiquities of France".

The statue of Henry IV
the Four Captives

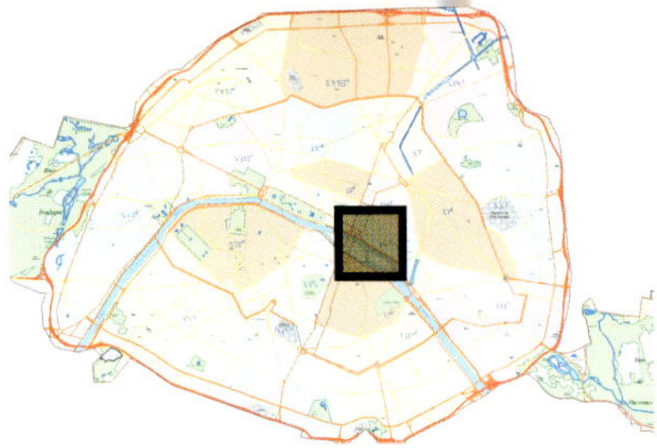

Les Halles et l'Hôtel de Ville
The Halles and the Hôtel de Ville

Après l'île de la Cité, qui vit naître Paris, le quartier des Halles est l'un des plus chargés d'histoire. Il prend son essor sous Henri II qui installe corporations et artisans dans les ruelles auxquelles ils donneront leurs noms : rues au Lard, de la Poterie, de la Lingerie, des Déchargeurs ou de la Ferronnerie, où Henri IV fut assassiné. Les circonstances de son meurtre, au milieu d'encombrements perpétuels qu'il entendait précisément résorber, révèlent un Paris plongé dans une crise de croissance que le roi n'eut pas le temps de maîtriser.

The quarter known as Les Halles is, in historical terms, one of the capital's richest, second only to that of the île de la Cité, the island upon which Paris was born. Les Halles enjoyed a rapid expansion under King Henry II, who established professional corporations and craftsmen within its midst. They gave the names to many of the local streets, like the *rue de la Poterie* or the *rue de la Lingerie*, and the *rue de la Ferronerie* where Henry IV was fatally stabbed. The very circumstances of his murder, when he was caught up in one of the town's perpetual street traffic jams, illustrated the problems caused by the rapid growth of Paris, and which the king would not be given the necessary time to resolve.

Nationale
Rue du Mail
Rue Villedo
Rue Thérèse
Avenue de l'Opéra
Rue Ste Anne
Rue Molière
Rue de Richelieu
Rue de Montpensier
Jardin du Palais Royal
Rue de Beaujolais
Gal. de Beaujolais
Rue de Valois
Gal. de Valois
Banque de France
La Feuillade
Place des Victoires
Rue La Vrillière
Rue Catinat
Rue Radziwill
Rue É. Marcel
Rue Montmartre
Hôtel des Postes
Rue Hérold
Rue Coquillière
Rue Croix des Petits Champs
Cours du Bouloi
Rue J.-J. Rousseau
Pass. de la Reine de Hongrie
Rue Mauconseil
Rue du Jour
Imp. St Eustache
St-Eustache
Rue de Turbigo
Rue Française
Coll. J.-B. Poquelin
Place A. Malraux
Comédie Française
Palais Royal
Ministère de la Culture
Place Colette
Rue de l'Echelle
Rue de Rivoli
Rue de Rohan
Palais Royal Musée du Louvre
Place du Palais Royal
Place de Valois
Passage Vérité
Rue des Bons Enfants
Rue Montesquieu
Galerie Véro-Dodat
Rue du Pélican
Place du Lieutenant H.Karcher
Pkg Croix des Petits Champs
Rue du Col. Driant
Place des Deux Ecus
Cour des Fermes
Rue Bouloi
Rue de Viarmes
Bourse du Commerce
Pkg St-Eustache
Place R.Cassin
Rue Rambuteau
Les Halles
Forum des Halles
Rue Berger
Rue Sauval
Rue du Louvre
Rue St-Honoré
Pkg Le Louvre
Rue de Marengo
L'Oratoire
Rue de l'Oratoire
Pkg Les Halles
Rue Bailleul
Rue de l'Arbre Sec
Musée de la Presse
Rue Vauvilliers
Rue des Prouvaires
Place M. Quentin
Porte Berger
Pass. A. Carême
Place P. Emmanuel
Place M. de Navarre
Place J. du Bellay
Imp. des Bourdonnais
Rue des Bourdonnais
Rue du Roule
Rue du Pont Neuf
Place du Carrousel
Cour Napoléon
Pyramide
Musée du Louvre
Cour Carrée
Louvre-Rivoli
Rue de l'Amiral de Coligny
Rue Perrault
Mairie du 1er
Place du Louvre
St-Germain l'Auxerrois
Samaritaine
Rue Baillet
Rue Boucher
Lyc. Prof.
Rue des Halles
Rue des Déchargeurs
Rue Ste-Opportune
Rue des Lombards
Place Ste-Opportune
Jardin de l'Infante
Quai F. Mitterrand
Port du Louvre
Clinique Médico-Chirurgicale du Louvre
Rue des Prêtres St-Germain l'Auxerrois
Place de l'École
Rue de la Monnaie
Pkg Belle Jardinière
Rue des Deux Boules
Rue Bertin Poirée
Rue St-Germain l'Auxerrois
Rue J. Lantier
Quai du Louvre
Pont Neuf
La Seine
Sts-Pères
Pont des Arts
Quai Malaquais
Voie Georges Pompidou
Quai de la Mégisserie
Ec. Mat.
Théâtre du Châtelet
Avenue Victoria
Châtelet
Place du Châtelet
Théâtre de la Ville
Square du Vert Galant
Institut de France
Quai de Conti
Hôtel des Monnaies
Place du Pont Neuf
Place Dauphine
Quai de l'Horloge
Rue de Harlay
Conciergerie
Île de la Cité
Pont au Change

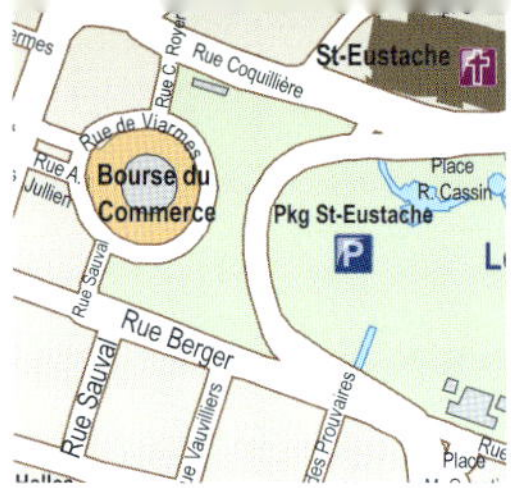

La colonne de l'hôtel de Soissons

Devant la Bourse du Commerce (1er)

La colonne cannelée haute de 31 mètres est le seul vestige de l'hôtel de la Reine construit en 1575 par Bullant, où résida Catherine de Médicis, la mère de la reine Margot, avant qu'il ne soit appelé hôtel de Soissons sous Henri IV, en 1606. Cet objet étonnant a traversé les épreuves du temps sans que l'on sache réellement sa destination : hommage au roi Henri II, ou observatoire céleste ? Le mystère demeure entier, de même qu'en ce qui concerne le rôle de l'astrologue qui y officiait et auquel la reine prêtait une oreille attentive. Ce dernier lui aurait révélé l'avenir royal de sa descendance, jusqu'à la fin des Valois… et l'avènement d'Henri IV.

The fluted, 31-metre tall column, built in 1575 by French architect Jean Bullant, is all that remains of what was once the 'Hôtel de la Reine'. Once the residence of Queen Margot's mother Catherine de Medici, it was renamed in 1606, under Henry IV, as the Hôtel de Soissons. While this edifice has survived the passage of time, no-one knows for sure why it is there. Some believe it was built in homage to Henry II, others that it was a celestial observatory, while it is also claimed that it contained a secret passage. Just as another mystery surrounds the precise role of the astrologist who officiated there, and to whom the queen was most attentive. It is said that he predicted the future of her descendents, up to the fall of the House of Valois and the accession of Henry IV.

The column of the Hôtel de Soissons

Église Saint-Eustache

2, rue du Jour (1er)

L'église Saint-Eustache fut perpétuellement en travaux pendant le règne d'Henri IV. Contrastant avec son inspiration gothique, sa décoration Renaissance est d'une grande richesse. Cette « forêt de pierres » grandiose souligne la richesse légendaire de la paroisse des Halles. N'a-t-on pas dit de son curé, René Benoist, le premier confesseur d'Henri IV, qu'il faisait figure de « pape » des Halles durant le siège de la ville ?

Building work on the church of Saint-Eustache continued throughout the reign of Henry IV. The very rich Renaissance decorations contrast with its Gothic inspiration. The grandiloquence of this 'forest of stone' is also an indication of the legendary wealth of the parish of Les Halles. Indeed, its priest, René Benoist, also confessor to King Henry IV, was known as the 'Pope of Les Halles'.

Saint-Eustache Church

L'assassinat d'Henri IV

À la hauteur du 8, rue de la Ferronnerie (1er)

Bordée d'échoppes, large de 4 mètres seulement, la rue de la Ferronnerie offrait un cadre idéal pour Ravaillac. Celui-ci profita d'un heurt entre deux charrettes obligeant les valets de pied à descendre du carrosse, pour grimper sur le marchepied et frapper par trois fois le roi. Henri IV succomba à ce dix-huitième attentat, le 14 mai 1610 à 14 h 15. Les armoiries d'Henri IV furent d'abord gravées sur le sol devant le n° 11 de la rue, où l'agression aurait eu lieu, devant l'enseigne « Le cœur couronné, percé d'une flèche ». L'historien contemporain Jean-Pierre Babelon a pu démontrer que l'attentat avait plutôt été perpétré devant le n° 8, sur le mur duquel a été posée la plaque commémorative.

The *rue de la Ferronnerie*, just four metres wide and lined by workshops, was an ideal setting for François Ravaillac's dark plans. Following a collision between two handcarts, the king's footmen dismounted the royal carriage to clear the street, leaving Ravaillac free to climb onto the running board and stab the monarch three times. Henry IV was to die from the attack, the 18th upon his person, at 2.15 pm on May 14th, 1610. Initially, the king's coat of arms was engraved on the ground in front of N°11. But the contemporary historian Jean-Pierre Babelon demonstrated that the assassination was actually carried out in front of N°8, where a commemorative plaque is now placed on the wall.

The assasination of Henry IV

HENRIC·IIII·D·G·FRANC·ET·NAVAR·REX
1553
1610
EN CE LIEU
LE ROI HENRI IV
FUT ASSASSINE PAR
RAVAILLAC
LE 14 MAI 1610

Place de Grève

Parvis de l'Hôtel de Ville (4e)

L'actuelle place de l'Hôtel-de-Ville se nommait auparavant la place de Grève. Elle fut un lieu d'exécution : la potence pour les gens du peuple, la hache pour les gentilshommes, le bûcher pour les hérétiques, l'écartèlement pour les crimes de lèse-majesté. C'est ici que François Ravaillac fut supplicié, sans avouer avoir « agi sur ordre » dans le cadre d'un éventuel complot contre le roi. Après avoir fait amende honorable devant la porte de Notre-Dame, devant une foule haineuse, il eut le poing brûlé au soufre, les seins tenaillés, ses plaies emplies de plomb fondu, et fut finalement écartelé.

What is now called the Place de l'Hôtel-de-Ville (Town Hall Square) was previously called the Place de Grève (Square of the Strand). It was a place of execution in various forms; by the gallows for commoners, by axe for gentlemen, upon a bonfire for heretics, and by quartering for those found guilty of lese-majesty. This was where King Henry IV's assassin, François Ravaillac, was tortured. He would never confess to acting on orders. On the day of his execution, after first being taken to make his amends before Notre-Dame cathedral where he was surrounded by a hate-filled mob, his wrist was scalded with sulphur while his breasts were torn by pincers and the wounds filled with molten lead – before he was finally pulled apart by horses.

Place de Grève

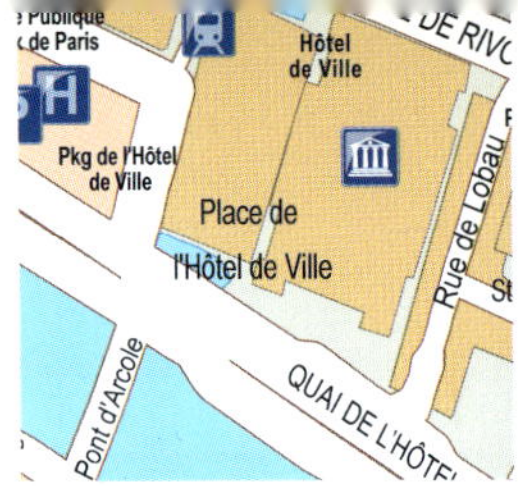

Hôtel de Ville
détail de la façade
Parvis de l'Hôtel de Ville (4e)

Interrompus pendant un demi-siècle à cause des guerres de religion, les travaux entamés par le Boccador en 1533 sous François Ier furent achevés par Henri IV. François Miron, prévôt des marchands, y consacra une partie de ses ressources, notamment pour la façade du côté de la Grève et le pavillon de l'Arcade. Henri IV fit poser un haut-relief de sa propre effigie équestre au milieu de la façade, afin que nul n'ignore l'autorité récente du nouveau roi. Il fit également construire une fontaine à la place du gibet installé à demeure sur la place. Enfin, lors de la fête de la Saint-Jean, Henri IV fit brûler une effigie de la guerre entourée de lances, de hallebardes et de canons.

In 1533, under King Francis I, construction work began on a headquarters for the municipal elders, designed by Italian architect Domenico da Cortona (known as Le Boccador). The wars of religion delayed the work finally completed under Henry IV. The provost of Paris merchants, François Miron, partly funded the building work, notably the riverside façade and the Pavillon de l'Arcade. The newly-crowned Henry IV imposed his authority by having a representation of himself on horseback engraved onto the high relief. He replaced the gibbet on the square with a fountain and during the traditional bonfires of the feast of Saint-Jean ordered the burning here of an effigy of war surrounded by lances, halberds and canons.

Hôtel de Ville
detail of the façade

F. MIRON

Maison de Marie Touchet

22, rue du Pont-Louis-Philippe (4e) ;
(visite lors des journées du Patrimoine)

Rarissime exemple du style de la première Renaissance, la pierre et les briques de couleur de la maison de Marie Touchet annoncent les grandes constructions polychromes de la fin du XVIe siècle. La façade de la première cour est un heureux mariage du pittoresque médiéval, avec sa puissante structure de pierres et ses fenêtres à meneaux, et de la fantaisie italienne, avec les pilastres rythmant les étages, ornés de délicats rinceaux et de curieux petits personnages.

A rare example of first Renaissance style, the coloured stone and bricks of this building heralded the grand polychrome constructions of the late 16th century. The façade of the first courtyard is a happy blend of colourful, medieval style – with its powerful structure of stone and mullioned windows – and the fanciful Italian school, with pilasters that mark out the different floors, decorated with delicate foliage and unusual little effigies.

Marie Touchet's House

(open only on French National Heritage Days)

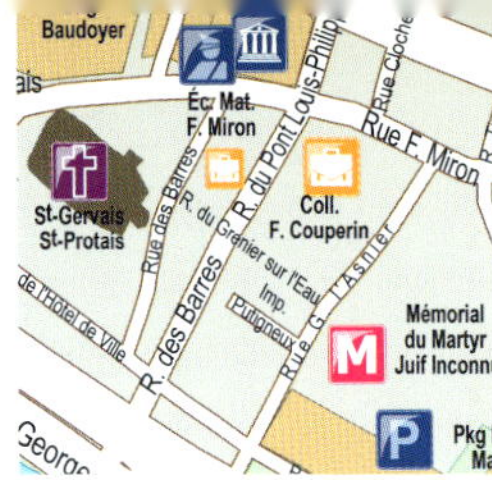

Maison de Marie Touchet

façade sur la deuxième cour

22, rue du Pont Louis-Philippe (4e)

(visite lors des journées du Patrimoine)

La deuxième cour offre un unique exemple de façade à pans de bois sculptée ornée de petits pilastres à chapiteaux corinthiens, dont le décor fut achevé en 1607. Cette exceptionnelle demeure aurait abrité les amours du jeune roi Charles IX et de Marie Touchet qui lui donna son unique fils : Charles de Valois. S'il n'avait pas été un bâtard, l'histoire de France n'aurait connu ni Henri III ni la dynastie des Bourbons… Après la mort du roi, Marie Touchet eut deux filles, dont l'une, Henriette de Balsac d'Entragues, réussit à charmer Henri IV sans jamais parvenir à l'épouser.

The second of the building's courtyards offers a unique view of the façade, decorated in sculpted wood and slim pilasters with Corinthian capitals, completed in 1607. This exceptional residence was reputedly the setting for the secret romantic liaison between King Charles IX and Marie Touchet, who gave him his only son, Charles de Valois. If this child had not been illegitimate, neither Henry III nor the Bourbon dynasty would ever have reached the French throne. Following Charles' death, Marie Touchet had two daughters, one of whom, Henriette de Balsac d'Entragues, became a mistress to the future Henry IV. But despite her best efforts, she never succeeded in marrying him.

Marie Touchet's House

façade on the second courtyard

Hôtel de Sens

1, rue du Figuier (4e)

L'hôtel des archevêques de Sens, qui abrite aujourd'hui la bibliothèque Forney, est l'un des exemples les plus anciens de demeure médiévale entre cour et jardin. On le surnomme l'hôtel de la reine Margot, car il hébergea Marguerite de Valois durant quelques mois, en 1605. Celle-ci mena grand train, à tel point qu'Henri IV écrivit à sa première épouse de « ne plus prendre la nuit pour le jour et le jour pour la nuit ». Elle mit un terme à sa vie de débauche quand elle vit l'un de ses anciens amants, qui avait tué son rival à la portière de son propre carrosse, se faire trancher la tête devant l'hôtel par ordre d'Henri IV.

This former town house for the archbishops of Sens is one of the oldest remaining examples of medieval civil architecture, whereby the building stands between gardens and a courtyard. This town mansion was once commonly called Queen Margot's House, named after Henry IV's first wife, Marguerite of Valois. This was because it had served as her residence for several months in 1605. Her partying lifestyle led Henry to write a letter to her warning that she should "no longer take night for day and day for night". She put an end to her debauched lifestyle after seeing one of her former lovers, who had committed a murder, beheaded in front of the building upon Henry's orders. It is now home to the Forney Library.

Hôtel de Sens

SAUF
RIVERAINS

Hôtel de Sens

1, rue du Figuier (4e)

L'hôtel de Sens avait été le quartier général de la Sainte Ligue lorsque Nicolas de Pellevé, archevêque de Reims, fut élu à la tête de la Ligue. C'est également là que le cardinal Charles de Bourbon, oncle d'Henri IV, fut choisi, à la mort d'Henri III, comme le prétendant au trône, sous le nom de Charles X. Nicolas de Pellevé ne put malgré tout empêcher l'irrésistible ascension d'Henri IV. Déjà malade, il mourut sans doute d'apoplexie peu après avoir assisté, désespéré, à l'entrée triomphale du Béarnais dans Paris, le 22 mars 1594.

The Hôtel de Sens became the headquarters for the Holy League (also called the Catholic League of France) when the archbishop of Reims, Nicolas de Pellevé, was elected as the League's leader. It is also here that Henry IV's uncle, cardinal Charles de Bourbon, was chosen – after the death of Henry III – as the pretender to the throne under the name of Charles X. Despite his very best efforts, Nicolas de Pellevé was unable to block the irresistible ascension of Henry IV. He was already ill when the king triumphantly entered Paris on March 22, 1594, and died just days later.

Hôtel de Sens

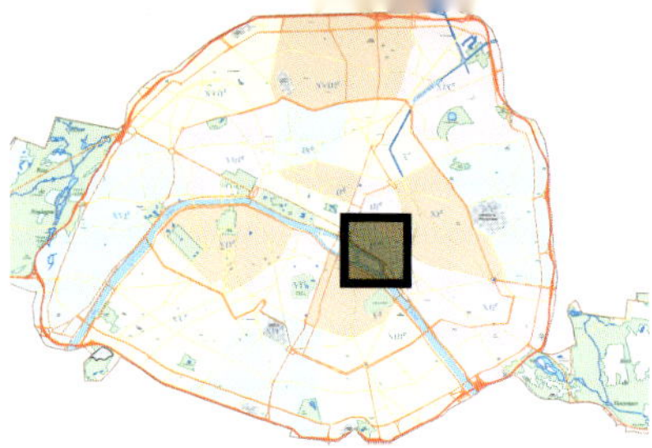

Le Marais
The Marais

Avec Henri IV, le quartier du Marais entame une mue radicale. Les anciennes propriétés royales de Saint-Paul et des Tournelles sont démembrées, permettant aux proches de la Cour puis aux bourgeois d'acquérir de vastes espaces libérés. C'est dans le quartier du Marais que naît l'hôtel parisien dans le dernier quart du XVIe siècle. La rue des Francs-Bourgeois est alors à la mode. Le quartier Saint-Antoine résonne de brillantes parades. Et bientôt, l'aménagement de la place Royale donne corps à l'un des plus grands projets architecturaux du premier des Bourbons.

Under Henry IV, the Marais district was given a radical change of skin. The former royal properties of Saint-Paul and the Tournelles were dismantled, allowing those with close connections to the court, and after them the town's middle classes, to acquire the vast spaces that were consequently freed up. It is in the Marais that the model of the Parisian town house, the "hôtel parisien", was born during the last quarter of the 16th century. That was when the *rue des Francs-Bourgeois* was fashionable and the Saint-Antoine quarter was the scene of sparkling parades. Soon after, the building of the Place Royale (Royal Square) would become one of the grandest architectural projects of the first Bourbon king.

Chapelle Ste-Marie
Rue Ste-Croix de la Bretonnerie
Rue des Francs Bourgeois
Temple Billettes
Rue de la Verrerie
B.H.V.
RUE DE RIVOLI
Synagogue
Éc. Polyvalente Hospitalières St-Gervais
Musée Carnavalet
Rue Payenne
Rue de Sévigné
Chemin-Vert
Boulevard Beaumarchais
Bréguet-Sabin
Rue des Rosiers
Synagogues
Rue Pavée
Pkg Lobau
Pkg Baudoyer
Place St-Gervais
Place Baudoyer
Mairie du 4ème
Rue de Lobau
Rue du Roi de Sicile
Synagogue
Rue Malher
Rue du Pas de la Mule
Place des Vosges
Square Louis XIII
Synagogue
Éc. Mat. F. Miron
Coll. F. Couperin
Rue F. Miron
Maison Européenne de la Photographie
St-Paul
St-Gervais St-Protais
St-Paul St-Louis
Place du Marché Ste-Catherine
Rue de Turenne
Maison de V. Hugo
Éc. Mat. Vosges
R. des Tournelles
Boulevard Richard Lenoir
Rue de l'Hôtel de Ville
Mémorial du Martyr Juif Inconnu
Rue de Fourcy
Coll.-Lyc. Charlemagne
Éc. élém. Neuve St-Pierre
Éc. Élém. Guéménée
R. de Birague
Pkg Saint-Antoine
Voie Georges Pompidou
La Seine
Pkg Pont Marie
R. Charlemagne
RUE ST-ANTOINE
R. de la Bastille
Pont Louis Philippe
Sq. A. Schweitzer
Éc. Mat. Fauconnier
Sq. de l'Avé Maria
R. du Fauconnier
Bastille
Place de la Bastille
Pont Marie
Quai de Bourbon
Rue St-Paul
Rue Charles V
Temple Sainte-Marie
Rue du Petit Musc
Rue Castex
R. de Lesdiguières
Colonne de Juillet
Île St-Louis
Éc. Massillon
QUAI DES CÉLESTINS
R. de la Cerisaie
Quai d'Anjou
Rue Le Regrattier
Quai d'Orléans
Éc. Privée St-Bernard
BVD HENRI IV
Rue des Deux Ponts
Rue St-Louis en l'Île
Éc. Élém. St-Louis en l'Île
Éc. Mat. Poulletier
Sully-Morland
Sq. H. Galli
Place du Père Teilhard de Chardin
Pavillon de l'Arsenal
Caserne des Célestins
Opéra Bastille
RUE DE LYON
St-Louis en l'Île
Rue Poulletier
Quai de Béthune
Pkg Bastille
QUAI DE LA TOURNELLE
BOULEVARD HENRI IV
Pkg Sully-Morland
Rue de Sully
BOULEVARD MORLAND
Boulevard Bourdon
Boulevard de la Bastille
Préfecture de Paris
Centre Morland
Rue Mornay
BOULEVARD ST-GERMAIN
Institut du Monde Arabe
QUAI ST BERNARD
QUAI HENRI IV
La Seine
Paris VI
Paris VII
Jussieu
Quai de la Rapée
XI

Place des Vosges

Ancienne Place Royale le pavillon du Roi

1, place des Vosges (4e)

La place des Vosges est la première des places royales de Paris. Ses arcatures ordonnancées avec soin mettent en valeur la brique et la pierre dont la couleur change au gré de l'ensoleillement. Ses dimensions considérables – dont l'effet de grandeur était accru par l'absence d'arbres et de grille d'accès au jardin – témoigne de la volonté d'Henri IV de créer un projet d'urbanisme où l'espace jouerait un rôle primordial à la fois dans l'esthétique, les loisirs et la circulation. Parmi les trente-six pavillons élevés entre 1605 et 1612, deux d'entre eux, plus élevés, servent de modèle : le pavillon du Roi et son vis-à-vis, le pavillon de la Reine.

The Place des Vosges is the oldest royal square in Paris. Its precisely assembled arcatures draw attention to the brick and stone materials that change colour according to the degree of sunlight. The square's considerable dimensions are made grander still by the absence of both trees and a gated entrance to the gardens. This illustrated Henry IV's intent to create an urban plan in which space plays a primordial role in enhancing aesthetics, leisure activities and day-to-day traffic. Among the 36 buildings erected here between 1605 and 1612, two of them – the tallest of any – were the model; the king's *Pavillon* building and, opposite, that of the queen.

Place des Vosges

former Place Royale, the Pavillon du Roi

Place des Vosges

le pavillon du Roi, détail

1, place des Vosges (4e)

Au-dessus des guichets donnant dans la rue de Birague, le pavillon du Roi est reconnaissable au médaillon d'Henri IV qui orne la façade, côté place des Vosges (dénommée ainsi en hommage au premier département qui s'acquitta de l'impôt sous la Révolution française). Le projet initial du roi était de bâtir, dans cet ancien marché aux chevaux, une manufacture de draps de soie, ambition qu'il fallut abandonner. La place fut donc un lieu de résidence et de flânerie – dont le roi ne profita pas non plus. Elle fut inaugurée en 1612, deux ans après sa mort, à l'occasion des fiançailles de Louis XIII et d'Anne d'Autriche.

On its façade facing the Place des Vosges, above the passageways that open behind onto the *rue de Birague*, the King's *pavillon* building is clearly identified by the medallion of Henry IV. The king's initial project for the site, a former horse market, was to build a factory for making silk sheeting. But the project was abandoned, and the square became instead a place for leisurely pleasures. The king himself would never be able to stroll here, for it was inaugurated in 1612, two years after his death, during celebrations of the engagement of Louis XIII and Anne of Austria. It was re-named as the Place des Vosges after the Revolution, in recognition of the first French region that contributed to the new republican taxes.

Place des Vosges

detail of the Pavillon du Roi

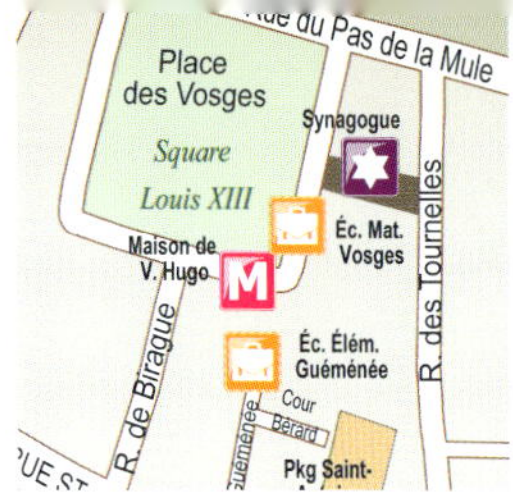

Place des Vosges

le pavillon du Roi, côté rue de Birague

Rue de Birague (4e)

Le pavillon du Roi – qu'il n'a jamais habité – est traversé par la rue de Birague. Celle-ci offre une perspective intéressante pour qui sait la regarder. En observant certaines façades du milieu de la rue, on remarque que le mur s'épaissit à sa base. C'est une nouveauté par rapport aux maisons du Moyen Âge, qui, dans leur majorité, présentent des fondations plus étroites, en raison des taxes dont il fallait s'acquitter sur la surface occupée par l'édifice.

Passing through an archway underneath the king's *pavillon* (in which he would never live), is the *rue de Birague*. The view reveals, under close scrutiny, an interesting detail; the walls of some of the façades in the centre of the street are wider as they reach their base. This was a new architectural aspect of Parisian buildings; their medieval predecessors were built with narrower foundations because taxes were calculated according to a building's surface area.

Place des Vosges

the Pavillon du Roi, from the *rue de Birague*

HOTEL
kilim

Place des Vosges

le pavillon du Roi

Côté rue de Birague (4e)

De ce côté du pavillon du Roi, la signature d'Henri IV est bien visible au-dessus des arcades rythmées par les quatre pilastres cannelés. C'est sans surprise que l'on remarque, de part et d'autre, le monogramme d'Henri IV. Entre les deux chiffres, on découvre les symboles spécifiques de l'épopée du roi. D'un côté, les épées croisées glorifient « l'Hercule gaulois », guerrier triomphateur. De l'autre, la lyre loue le protecteur des arts et des lettres. Lettres qu'il écrivait dans un style admirable, fit remarquer Marcel Proust à la lecture de sa correspondance galante.

Henry IV's signature is well visible from this side of his building, placed above the arcades that are marked out by four fluted pilasters. Between the initials of his monogram are specific symbols which represent the king's life. On one side, crossed swords glorify '*the Hercules of Gaul*', a triumphant warrior; on the other, a lyre praises the protector of arts and letters. Regarding the monarch's own skills in the latter, the renowned 20th century French writer and poet Marcel Proust praised the remarkable style of Henry IV's love letters.

Place des Vosges

the Pavillon du Roi

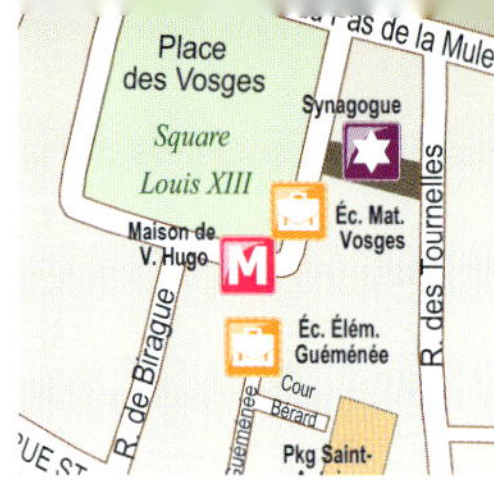

Place des Vosges
le pavillon de la Reine
Côté rue de Béarn

Tout comme celui du Roi, le pavillon de la Reine est plus élevé que les autres pavillons, symbolisant ainsi la présence de l'autorité royale et accentuant le charme de la place. Situé au nord de l'ancienne place Royale, il enjambe la rue de Béarn, hommage aux origines du roi de Navarre. Les Protestants lui rendirent un autre hommage après sa mort, lorsque la portion de la rue des Francs-Bourgeois allant de la rue de Turenne à la place Royale fut repabtisée « rue de l'Écharpe-Blanche », allusion au panache qui avait contribué à tisser sa légende.

The queen's *pavillon* building, like that of the king, is taller than the other buildings. This symbolised the authority of the royals and heightened the aesthetic appeal of the square. Situated on the northern side of this former 'Royal Square', the building straddles the *rue du Béarn*, a street named after the Béarn region within the king's native kingdom of the Navarre, in south-west France. The Protestants paid similar tribute to the monarch after his death, by re-naming the part of the *rue des Francs-Bourgeois* where it joins the 'Royal Square' from the *rue de Turenne*. This portion was called *rue de l'Écharpe-Blanche*, a reference to the famous white scarf which the king wore, a symbol of his legendary panache.

Place des Vosges
the Pavillon de la Reine

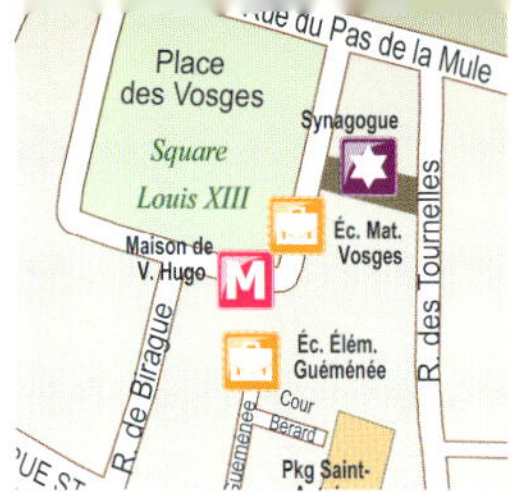

Place des Vosges

le pavillon de la Reine, détail

28, place des Vosges (4e)

Le pavillon de la Reine, qui héberge aujourd'hui un hôtel de charme, montre encore, sur sa façade, les signes de la présence de la reine Marie de Médicis, sous la forme d'un médaillon représentant l'astre solaire, symbole des Médicis. La reine eut le loisir d'assister à certaines grandes cérémonies organisées au centre de la place, qui ne comportait pas encore de statue en son centre, et qui servait de terrain aux cavalcades, aux tournois, aux jeux de bagues et aux fêtes. Quant à la reine Margot, elle s'était fait construire une estrade roulante située entre les actuels 9 et 13 de la place, afin de pouvoir suivre les festivités qu'elle appréciait également.

The Pavillon de la Reine, now a hotel, still bears witness to the presence of Queen Marie de Medici – in the form of a medallion that represents the sun, symbol of the Medici family. The queen consort took part in a number of grand ceremonies that were held in the centre of the square (and which at that time had no statue). The site was used for festivals, cavalcades, tournaments and early merry-go-rounds. As for Queen Margot, she had built for herself a mobile platform that was placed between what are currently the numbers 9 and 13 of the square, from where she could also watch the different festivities.

Place des Vosges

detail of the Pavillon de la Reine

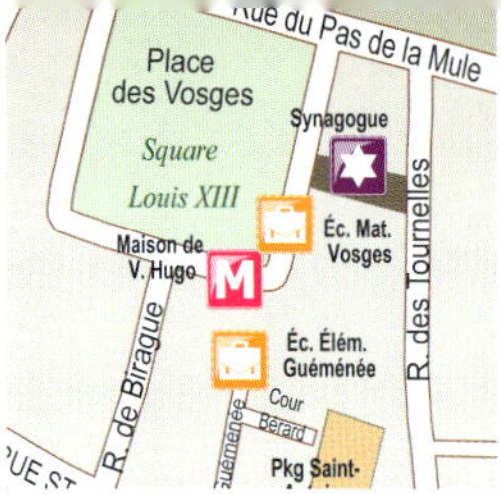

Place des Vosges

l'hôtel de Bassompierre

23, place des Vosges (4e)

Cet hôtel fut habité par Marie Touchet de 1614 jusqu'à sa mort en 1638. Sa fille fut « la brune et pétillante » Henriette de Balsac d'Entragues, qui remplaça Gabrielle d'Estrées dans le cœur du Vert-Galant. Ce dernier fut à ce point épris d'elle qu'il signa une promesse de mariage – au moment même de la négociation de son union avec Marie de Médicis –, lui offrit une somme considérable – que Sully dut prélever dans les caisses de l'État – et la fit marquise de Verneuil. Pour finir, elle tenta de comploter, mais sans succès, pour faire reconnaître son fils légitimé, Gaston-Henri, comme le dauphin.

This town house was the residence of Marie Touchet from 1614 until her death in 1638. Her daughter, the 'sparkling brunette' Henriette de Balsac d'Entragues, replaced Gabrielle d'Estrées as Henry IV's mistress. The monarch was so smitten by her that, at the very moment that he was negotiating the terms of his union with Marie de Medici, he signed a promise of marriage to her. He gave her a large sum of money, paid from the public purse by his minister, the Duke of Sully, and also the title of marchioness of Verneuil. She later attempted, unsuccessfully, to have her illegitimate son Gaston-Henri recognised as the dauphin.

Place des Vosges

the Hôtel de Bassompierre

Place des Vosges
les arcades

Place des Vosges (4e)

La volonté d'Henri IV était d'organiser, dans une ville « commode », un « grand promenoir » dans un parc. Lieu de flânerie, ces galeries sous arcades sont un chef-d'œuvre d'équilibre et d'élégance : ornées de pilastres doriques, formant autant de corridors couverts d'une voûte surbaissée de pierres et de briques, ces arcades eurent autant de succès que celles qui longeaient la place Dauphine. De plus, on pouvait s'y promener à l'abri, ce qui n'était pas le cas des arcades de la place Dauphine, emplies d'échoppes de toutes sortes.

King Henry IV wanted to create, in a town reorganised to be 'practical', a grand promenade in a park. A site for strolling and relaxing, the arcades are an architectural masterpiece of balance and elegance. Decorated with Doric pilasters, forming corridors covered by a lowered, stone and brick vault, the arcades met with the same success as those that lined the Place Dauphine. What was more, it was possible to walk under cover here, in contrast to the arcades of the Place Dauphine which were brimming with stalls of all sorts.

Place des Vosges
the arcades

Place des Vosges

Maison de Victor Hugo l'hôtel de Rohan-Guéménée

6, place des Vosges (4e)

Le pavillon qui abritera la demeure de Victor Hugo constitua l'une des premières opérations immobilières de la place Royale. Isaac Arnauld, conseiller du roi et intendant des Finances, s'y fit construire l'une des plus belles demeures, qui échoira plus tard à Louis de Rohan, prince de Guéménée. L'hôtel se composait d'un corps de logis ouvrant sur la place et de deux ailes en retour portant chacune dix croisées de façade. De l'autre côté, la cour était bordée d'écuries. C'est en 1902, année du centenaire de la naissance de Victor Hugo, que fut créé le musée consacré au poète et romancier.

This pavillon building, which would later become home to the 19th century writer Victor Hugo, was the object of one of the first property transactions of the Place Royale. Isaac Arnauld, advisor to the king and an Intendant (director) of Finances, built for himself one of the choicest homes here, and which would later become the property of Louis de Rohan, Prince of Guéménée. The town house was composed of a main building that opens upon the square, and of two right-angled wings, with ten windows on each façade. On the other side, the courtyard was bordered by stables. In 1902, during the centenary of the birth of Victor Hugo, a museum dedicated to the works of this great French literary figure was created here.

Place des Vosges

Maison de Victor Hugo, the Hôtel de Rohan-Guéménée

Place des Vosges

l'hôtel de Sully

62, rue Saint-Antoine (4e)

L'hôtel de Sully, probablement dessiné par Jean Androuet du Cerceau, connut ses grandes heures à partir de 1634 quand il fut racheté par Maximilien de Béthune, duc de Sully (1559-1641), grand voyer d'Henri IV et superviseur de l'aménagement de la place Royale. Cet hôtel « à la française » du début du XVIIe siècle présente en façade sur jardin, un riche décor sculpté de style Renaissance, s'opposant au dépouillement classique qui prévaut à l'époque. Il témoigne ainsi de l'influence persistante du style baroque né en Italie à la fin du XVIe siècle.

The Sully town mansion is believed to have been designed by Jean Androuet du Cerceau, at the beginning of the 17th century. It entered into a period of grandness from 1634, when it was bought by the Duke of Sully, Maximilien de Béthune, (1559-1641), Henry IV's civil engineer and supervisor of the construction work on the Place Royale. In the French-style, it presents on the garden side a richly sculpted Renaissance façade, in contrast to the classic school predominant at the time of its conception, and testifies to the continuing influence of the Baroque style which began in Italy in the late 16th century.

Place des Vosges

the Hôtel de Sully

Place des Vosges

l'orangerie de l'hôtel Sully

62, rue Saint-Antoine (4e)

Au fond du jardin de l'hôtel Sully, une ancienne orangerie, appelée aussi le Petit Sully, comporte un accès dérobé au numéro 7 de la place des Vosges. Près d'un quart de siècle après la mort de son roi bien-aimé, Sully franchissait cette porte chaque jour, escorté d'écuyers et de gardes comme au temps où il était ministre. Vêtu à la mode du temps d'Henri IV, paré de chaînes d'or et d'enseignes en diamant, il marchait « en baisant dévotement dans ses mains tremblantes une large médaille d'or qui pendait à son cou frappée de l'effigie de son ancien maître ». Tous les passants s'amusaient alors à le regarder.

At the end of the mansion's garden lies a former orangery, which is sometimes called the 'Petit Sully' (Small Sully). There is a hidden entrance to it, at number 7 of the Place des Vosges. More than 25 years after the death of his beloved king, the Duke of Sully used to pass through here every day, escorted by guards on foot and horseback just as when he was a minister. He still wore the clothing fashionable during Henry's reign, complete with gold chains and diamond-studded emblems. Onlookers were reportedly amused to see him walking "while devotedly embracing a large gold medal, stamped with the effigy of his master, that hung from his neck and which he held in trembling hands."

Place des Vosges

orangery of the Hôtel de Sully

Place des Vosges
détail des façades
Place des Vosges (4e)

Tout autour de la place, les murs de brique rouge à chaînage de pierre blanche de taille alternent avec les murs de pierre couverts d'un enduit imitant la brique (à droite, sur la photo). Beaucoup de Parisiens, à l'instar de Gérard de Nerval, la considèrent comme la plus belle de la ville : « Quand leur face de briques entremêlées et encadrées de cordons et de coins de pierre et quand les fenêtres hautes sont enflammées des rayons splendides du couchant, vous vous sentez à la voir la même vénération que devant une cour des parlements, assemblée en robes rouges à revers d'hermine. »

Place des Vosges
detail of the façades

All around the square, the façades of walls in red brick with white stone clamps alternate with others of stone covered in a brick-like coating (photo, right). Many Parisians consider this to be the most beautiful of the city's squares, as did the 19th century poet Gérard de Nerval: "When the splendid rays of the dipping sun enflame their tall windows and their face of brick mixed and framed by cords and corners of stone, you feel the same veneration in contemplation of this as you would do in front of a parliamentary sitting, [facing] an assembly of red gowns and ermine collars".

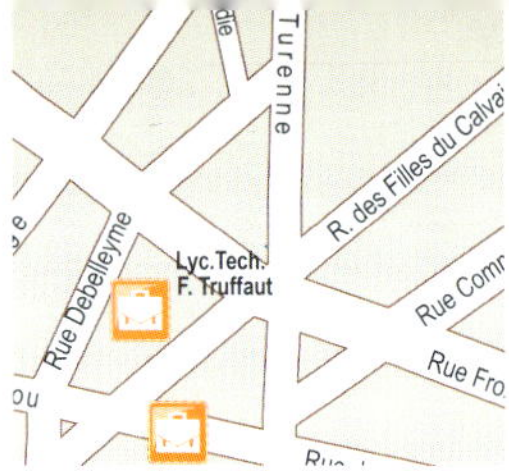

Rue de Turenne (3e)

Urbaniste, Henri IV veilla à favoriser l'assainissement de la ville, dont les égouts, hérités de l'époque médiévale, se déversaient à ciel ouvert. Il fut le premier à entamer la couverture de l'un des plus grands égouts de Paris. La rue de Turenne s'est ainsi appelée autrefois rue de l'Égout, au temps d'Henri IV, qui la fit recouvrir. À partir de 1610, elle s'est appelée rue de l'Égout-Couvert, dans sa partie nord, après la rue des Francs-Bourgeois. Au XVIIe siècle, le problème sanitaire devint crucial, en raison du nombre croissant de bouchons et d'inondations qui causaient des nuisances insupportables.

In his role of urban planner, Henry IV encouraged a clean-up of the town where medieval sewers spilled into the open air. Under his reign began the first project to cover over the largest sewer pipe in Paris, running along what is now the *rue de Turenne*, but then named *rue de l'Égout* (Sewer Street). From 1610, its northern stretch, from the *rue des Francs-Bourgeois*, became known as *rue de l'Égout-Couvert* (Covered-Sewer Street). Sanitary considerations had become crucial by the 17th century, when sewage blocks and inundations caused intolerable pollution.

Rue de Turenne (3rd)

CAFÉ des MUSÉES
W 3
COMPUTER

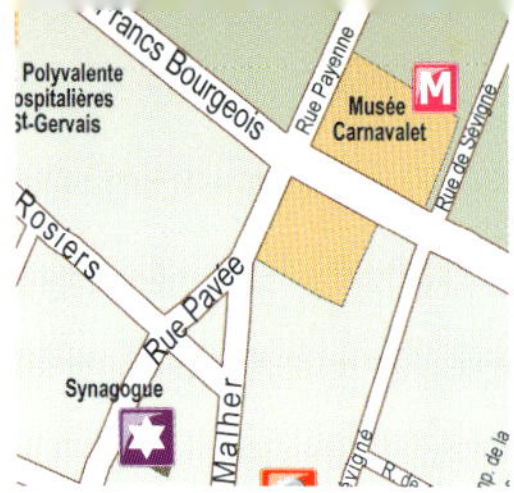

Musée Carnavalet
façade
23, rue de Sévigné (3e)

L'hôtel Carnavalet témoigne d'un style Renaissance qui s'impose peu à peu à partir de la seconde moitié du XVIe siècle. Construit par Pierre Lescot entre 1548 et 1550 pour son cousin Jacques des Ligneris, conseiller au Parlement, il est décoré par le sculpteur Jean Goujon. Cette architecture marque le début de l'abandon du pignon sur rue, propre aux habitations médiévales. Remarquable par ses vestiges datant de l'époque médiévale, puis d'Henri IV, il constitue, par l'étonnante collection des vues de Paris, un véritable voyage dans le temps, au moment où Paris était devenu la capitale du souverain.

The Hôtel Carnavalet displays the Renaissance style that began, little by little, imposing itself on Parisian architecture as of the latter half of the 16th century. The town house was designed by Pierre Lescot for his cousin Jacques des Ligneris, a parliamentary councillor, and was built between 1548 and 1550. Its decorations were created by the sculptor Jean Goujon. This architectural style was one of the first examples of a trend that did away with the street-side pediments that were characteristic of medieval times. The museum it houses today, with its remarkable remains dating from medieval times and the reign of Henry IV, allows visitors to travel backwards through time to when Paris had become the capital of the sovereign.

Carnavalet Museum
façade

Nuit
Blanche
Paris

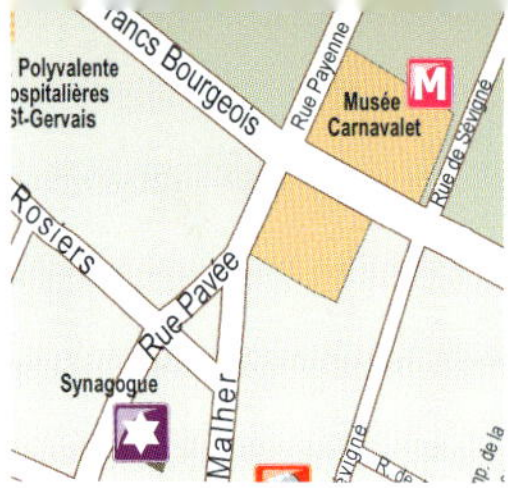

Musée Carnavalet

cour d'honneur

23, rue de Sévigné (3e)

La cour Henri-IV doit son nom à l'effigie équestre en bronze du roi, adossée au mur sud. Réalisée par Philippe Lemaire en 1834 pour le tympan de la porte centrale de l'Hôtel de Ville, elle remplaça un bas-relief en plâtre qui avait été inauguré hâtivement en 1815, célébrant le retour en grâce du premier des Bourbons lors de la Restauration. Henri IV est présenté dans la force de l'âge, le visage serein et la barbe abondante. Coiffé des lauriers de la victoire, il tient dans la main droite un rameau d'olivier. Vêtu de son armure d'apparat, il porte un riche vêtement rebrodé aux lettres royales.

The Henry IV Courtyard owes its name to the bronze equestrian figure of Henry IV that is attached to the south wall, and which was the work of Philippe Lemaire, in 1834. It was originally designed for the tympan over the main door of the Paris town hall. It now replaces an earlier low relief work of plaster, hastily inaugurated in 1815, that celebrated, during the 19th century Restoration period, the return to grace of the first Bourbon monarch. Henry IV is depicted here in the full prime of his later years, his long beard flowing below a face that expresses serenity. Crowned with the laurels of victory, he holds an olive branch in his right hand. He is wearing his parade armour, with an overcoat upon which are embroidered the royal letters.

Carnavalet Museum

main courtyard

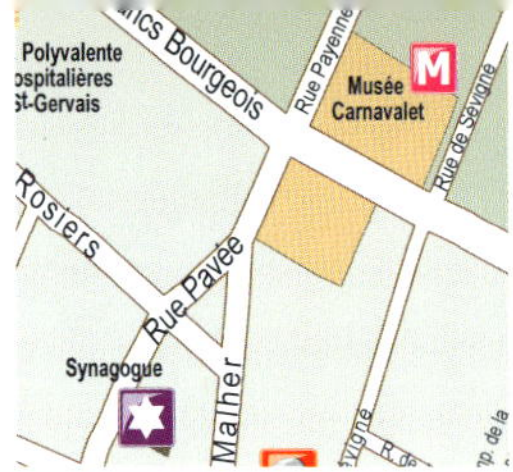

Musée Carnavalet

haut-relief d'Henri IV

23, rue de Sévigné (3e)

Miraculeusement épargnée par l'incendie qui ravagea totalement l'Hôtel de Ville de 1871, la statue subit en outre les cicatrices de l'acharnement des insurgés. Le cheval porte encore, sur son encolure, les traces des combats et des tentatives de destruction, avec des impacts de balles et des traces des leviers de fer qu'auraient utilisés les communards pour arracher la statue de son support. Elle ne fut pas remise en place lors de la reconstruction de l'édifice en 1883.

After miraculously surviving the fire that destroyed the Paris town hall in 1871, the statue was then attacked by the insurgents of the Paris commune. The neck of the horse still shows the scars inflicted at the time of the insurrection, caused both by attempts to destroy it and from the combat that raged around it. There are bullet impacts and the traces of where iron bars were applied to wrench the work from its base. It was decided not to place the statue back on the town hall after it was rebuilt in 1883.

Carnavalet Museum

high relief of Henry IV

LEMAIRE

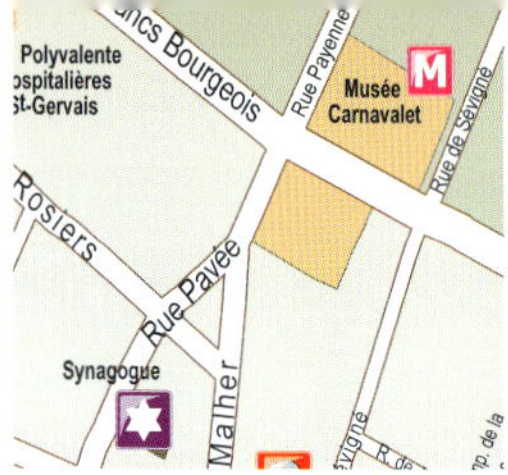

Musée Carnavalet

buste en cire d'Henri IV

23, rue de Sévigné (3ᵉ)

La salle Henri-IV comporte des pièces passionnantes et riches en anecdotes, comme la grande botte en bronze, seul vestige de la statue équestre du Pont-Neuf, détruite à la Révolution. On y voit également des originaux des mascarons du Pont-Neuf, ainsi qu'une maquette de la pompe de la Samaritaine. Quant au buste en cire d'Henri IV, la vraisemblance de son expression et, sans doute, la fidélité de ses traits sont particulièrement émouvantes. Il nous rappelle que le visage du roi était connu de la France entière en raison d'un intense travail de propagande au moment de son affrontement avec la Ligue.

The Henry IV Room includes remarkable objects that are rich in historical anecdotes. These include a large bronze boot which is the only surviving part of the original equestrian statue of Henry IV that once stood on the Pont-Neuf bridge, and which was destroyed during the Revolution. There are also several of the original Pont-Neuf 'mascarons' (see earlier pages about the Pont-Neuf), as well as a model of the Samaritaine pump. The wax bust of Henry IV is particularly striking both for the undoubted accuracy of the king's facial features and the trueness of his expression. It is a reminder that the face of the king was known to people right across France, due to the intense propaganda employed during his battle with the Holy League.

Carnavalet Museum

wax bust of Henry IV

EFFIGIE FVNERAIRE DE HENRI

Hôtel de Clisson

la porte fortifiée et les échauguettes

58, rue des Archives ; entrée au 60, rue des Francs-Bourgeois (3e)

Résidence de la fameuse famille des Guises au XVIe siècle, l'hôtel de Clisson était un important lieu de pouvoir. C'est ici que se réunissaient les ligueurs du parti catholique, durant les guerres de religion, et c'est probablement ici que fut organisée la terrible journée de la Saint-Barthélemy, en 1572, au cours de laquelle Henri IV fut sauvé *in extremis.* C'est également dans l'hôtel de Soubise, site des Archives nationales, qu'est conservé précieusement le parchemin original de l'édit de Nantes comportant le sceau royal, document emblématique de la tolérance et du pragmatisme d'Henri IV le Grand.

Formerly the residence of a celebrated 16th century family, the des Guises, the Hôtel de Clisson was once an important seat of power. It was here that the Catholic supporters of the Holy League met during the Wars of Religion. It was probably within its walls that the terrible events of the St. Bartholomew's Day massacre, in 1572, were planned – a butchery from which Henry IV only just succeeded in escaping with his life. The Hôtel de Soubise, which houses the National Archives, contains the preciously conserved original parchment of the Edict of Nantes, bearing the royal seal. The document is a major symbol of the tolerance and pragmatism displayed by Henry the Great.

Hôtel de Clisson

medieval façade, the fortified door and the bartizans

58

Hôtel de Donon
cour intérieure

Musée Cognacq-Jay, 8, rue Elzévir (3e)

L'hôtel de Donon est un exemple parfait de l'architecture au temps d'Henri IV, et caractéristique des hôtels du Marais au XVIe siècle. Son corps de logis principal comporte deux étages de caves – l'un d'entre eux, en demi-sous-sol, est réservé aux cuisines et à la salle du commun –, tandis que les deux étages supérieurs, de même hauteur, s'élèvent sur des appartements de réception, puis des hauts combles. L'élégance de cette architecture à l'effet pyramidant est encore renforcée par la sobriété de l'édifice, dont la pureté classique n'est alourdie par aucun décor sculpté.

Hôtel de Donon
inner courtyard

This building is a perfect example of the architectural style that prevailed under Henry IV, and is characteristic of the 16th century town houses of the Marais district. The main building contains two underground storeys, one for cellars and another which is an upper basement dedicated to the kitchens and a service room. The two upper floors, of identical height, contain reception rooms, and above them is an attic floor. The elegance of this pyramidal architectural style is reinforced by the sobriety of the edifice, its classical purity maintained by the absence of sculpted decorations.

Hôtel de Donon

jardins de l'hôtel de Donon

9, rue Payenne (3e)

L'hôtel de Donon fut édifié en 1575 pour le contrôleur des Bâtiments du roi, Médéric de Donon. C'est l'un des rares édifices qui témoignent de l'inventivité des architectes parisiens à la fin du XVIe siècle, au moment où le quartier du Marais est mis à la mode par Philibert de L'Orme. Ainsi, le Marais apparaît comme un véritable terrain d'expériences avant son apogée au siècle suivant, où les créations d'Androuet du Cerceau, Mansart ou Le Vau se succéderont. Le jardin de l'hôtel, accessible rue Payenne, est un jardin à la française traditionnel ouvert au public.

This town house was built in 1575 for Médéric de Donon, Inspector of the King's Buildings. It is one of the rare buildings that display the inventiveness of Parisian architects during the late 16th century, when the Marais was made fashionable by the architect Philibert de L'Orme. The Marais appeared to be something of an architectural testing ground before entering its grand epoch the following century, with the successive creations of Androuet du Cerceau, Mansart and Le Vau. The house's gardens, open to the public and reached by the *rue Payenne*, are set-out in a traditional French order.

Hôtel de Donon

gardens of the Hôtel de Donon

Hôtel d'Alméras

30, rue des Francs-Bourgeois (3e)

Contemporain de la place Royale, l'hôtel d'Alméras est achevé en 1612 sur un terrain jusque-là non bâti, appartenant à Pierre d'Alméras, conseiller et secrétaire du roi. Œuvre de Louis Métezeau, fameux architecte du Louvre d'Henri IV, c'est l'un des derniers exemples d'architecture en brique et en pierre.

The Hôtel d'Alméras was completed in 1612 for king's councillor and secretary, Pierre d'Alméras. Erected on land that had never previously been built upon, the town house was designed by Louis Métezeau, Henry IV's celebrated architect for the Louvre. It was one of the last architectural projects to use the combination of brick and stone.

Hôtel d'Alméras

30

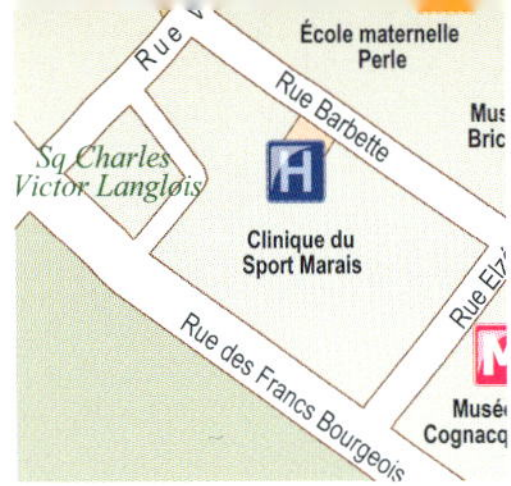

Hôtel d'Alméras

détail de la façade

30, rue des Francs-Bourgeois (3e)

L'hôtel d'Alméras présente une splendide porte monumentale sur rue et une magnifique façade sur cour, toutes classées. On remarque, en particulier, l'effigie des boucs sur le portail à vantaux. Les façades restaurées sont fidèles aux travaux d'époque tels qu'ils furent exécutés par la famille d'Alméras jusqu'en 1655. Par la suite, l'hôtel subit des modifications de la part de ses propriétaires successifs et son intérieur ne comporte plus aucun ornement d'époque.

The Hôtel d'Alméras has a splendid and monumental front door giving onto the street, and a magnificent façade upon its courtyard, both of which are officially classified as part of France's protected national historic heritage. Notable features are the sculptures of the heads of billy goats beside the double entrance doors. The restored façades are true to the original work completed for the d'Alméra family, up to 1655. After that, the house was modified by its successive owners, and none of the original interior adornments have survived.

Hôtel d'Alméras

detail of the façade

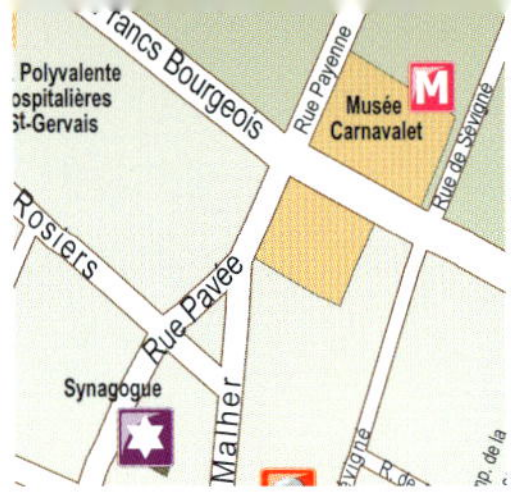

Hôtel de Lamoignon

portail

24, rue Pavée (3e)

L'hôtel d'Angoulême puis de Lamoignon est l'un des plus vieux hôtels du Marais. Bâti entre 1585 et 1590 pour Diane de France, peut-être par Louis Métezeau, puis augmenté sur la rue des Francs-Bourgeois en 1659 par Jean Thiriot, il fut ensuite la propriété des Lamoignon, illustre famille de magistrats des XVIIe et XVIIIe siècles. L'ornementation qui figure au-dessus du large portail leur est due. Sur le tympan décoré, on voit deux enfants nus tenant l'un un miroir, l'autre un serpent, symboles respectifs de la Vérité et de la Prudence.

The Hôtel de Lamoignon, originally the Hôtel d'Angoulême, is one of the oldest of the town houses and mansions standing in the Marais. It was built for Diane de France, daughter of Henry II, between 1585 and 1590, and is thought to be the work of Louis Métezeau. It was enlarged onto the *rue des Francs-Bourgeois* in 1659 by Jean Thiriot. It subsequently became the property of the illustrious Lamoignon family, who occupied positions as magistrates over successive generations during the 17th and 18th centuries. It is they who commissioned the ornamentation that decorates the large entrance gate. This includes the sculptures on the tympan of two infants, one holding a mirror and the other grasping a snake; these are, respectively, representations of Truth and Prudence.

Hôtel de Lamoignon

entrance gate

HOTEL DE LAMOIGNON
BIBLIOTHEQUE HISTORIQUE
DE LA
VILLE DE PARIS

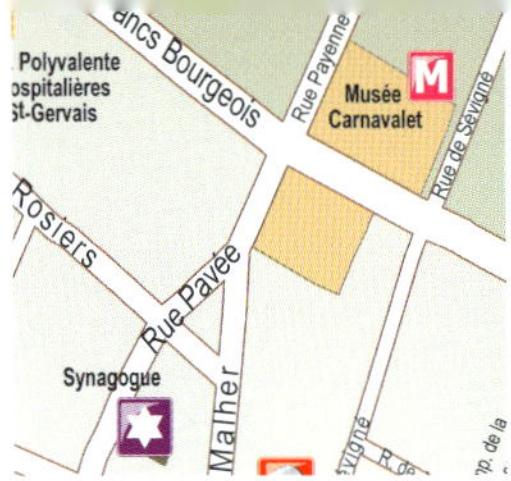

Hôtel de Lamoignon

détail de la façade de la cour d'honneur

24, rue Pavée (3e)

Seul le grand corps de logis date de l'époque de la construction de l'édifice. Il s'agit là de la première application de l'« ordre colossal » avec l'utilisation de hauts pilastres à chapiteaux corinthiens s'élevant du soubassement jusqu'au sommet de la façade. Les deux avant-corps à frontons incurvés sont ornés du chien et du cerf, ainsi que d'attributs qui font référence à la Diane chasseresse. On retrouve la thématique cynégétique, chère à la princesse, sur les poutres peintes du plafond de la grande salle de lecture de la bibliothèque historique de la ville de Paris, accessible au fond de la cour-terrasse.

Only the main building dates from the original construction. It was the first project to apply the colossal order, using tall pilasters with Corinthian capitals that rise up from the basement to the summit of the façade. The two forward structures with curving pediments are decorated with dogs and stags, and other representations in reference to Diana, goddess of the hunt. At the far end of the courtyard terrace is the public Paris historical library, and the painted beams on the ceiling of its main reading room are illustrated with more hunting themes held dear by Princess Diane de France, the building's early proprietor.

Hôtel de Lamoignon

detail of the façade of the main courtyard

Hôtel de Lamoignon

statue de Diane de France

24, rue Pavée (3e)

L'hôtel est indissociable de la vie de Diane de France, duchesse d'Angoulême. Son effigie figure à l'intérieur d'une petite chapelle en cours de restauration, située à droite de l'entrée principale. L'œuvre est attribuée au sculpteur Thomas Boudin et provient de la chapelle d'Angoulême, où la princesse et son neveu avaient été inhumés. La fille légitimée d'Henri II, que l'on voit ici dans une position recueillie, fut à la fois une femme d'action et d'esprit. Elle joua un rôle important dans la réconciliation de son demi-frère Henri III avec le futur Henri IV qui avait en elle la plus grande confiance.

The mansion is inextricably associated with the life of Diane de France, Duchess of Angoulême. A statue of her is displayed inside a small chapel, situated to the right of the main entrance and which is currently being restored. The sculpture is attributed to Thomas Boudin and was originally displayed in the chapel of Angoulême, where the princess and her nephew are buried. The legitimized daughter of Henry II, depicted here in a contemplative posture, was both a woman of action and one of learning. She played an important part in the reconciliation process between her half-brother Henry III and the future Henry IV, who expressed great confidence in her.

Hôtel de Lamoignon

statue of Diane de France

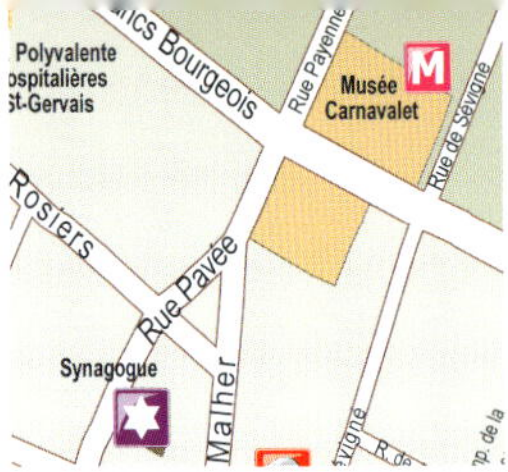

Hôtel de Lamoignon

l'oriel quadrangulaire

24, rue Pavée (3e)

À l'angle de la rue Pavée et de la rue des Francs-Bourgeois, la tourelle carrée en encorbellement sur trompes domine la chaussée. Cette curiosité architecturale du début du XVIIe siècle était autrefois courante dans la capitale. Mais l'oriel de l'hôtel d'Angoulême est le dernier exemple de ce type. Une tourelle comparable à celle-ci, vestige du mur d'enceinte de l'abbaye de Saint-Germain-des-Prés, pouvait être admirée jusqu'au XIXe siècle, à l'angle de la rue Saint-Benoît et de la rue Jacob.

The square turret, corbelled on a squinch, situated on the corner of the *rue Pavée* and the *rue des Francs-Bourgeois*, dominates all below it. Although this architectural curiosity, dating from the early 17th century, is now unique, such oriels were once a common feature in the capital. A similar turret, situated on the corner of the *rue Saint-Benoît* and the *rue Jacob* and which was part of the outer walls of the abbey of Saint-Germain-des-Prés, survived until the 19th century.

Hôtel de Lamoignon

the quadrangular oriel window

ZONE
30

Tourelle de 1610

24, rue du Temple et 47, rue Sainte-Croix-de-la-Bretonnerie (4e)

Cette tourelle d'angle fut construite l'année de la mort du roi. Mais elle n'était plus contemporaine des souhaits du souverain en matière d'urbanisme, qui recommandait, comme dans son édit promulgué en 1607, de limiter surplombs et saillies. À la fin du règne d'Henri IV, les échauguettes d'angle, les encorbellements comme les nombreux cabinets en saillie furent donc édifiés à l'encontre des nouvelles règles de construction.

This angular turret was built in the same year that Henry IV died, and clashed with the sovereign's wishes regarding architectural planning. In his edict of 1607, the king recommended that overhangs and projections should be avoided. At the end of Henry's reign, angular bartizans, corbelled constructions and overhanging rooms were being built in defiance of the standing regulations.

1610 turret

BOULANGER
PATISSIER
BMC
MERCERIE EN GROS
RUE DU TEMPLE
MERCERIE EN GROS
BMC

Église Saint-Paul-Saint-Louis

99, rue Saint-Antoine (4ᵉ)

C'est Louis XIII qui posa la première pierre, en 1627, de la plus baroque des églises parisiennes, sur l'emplacement de l'ancienne chapelle jésuite édifiée en 1584. Centre névralgique de la compagnie de Jésus en France, elle symbolisa la paix retrouvée, après avoir représenté une épée de Damoclès pour Henri de Navarre, qui fut l'objet d'une tentative de meurtre par Jean Chatel. Le père Guignard, jésuite commanditaire présumé de l'attentat, fut aussitôt pendu en place de Grève, le 7 janvier 1595. Expulsés de France, les Jésuites furent rappelés par Henri IV en 1604 et le bon roi se rapprocha du père Coton, tenu en si grande estime qu'il devint son confesseur.

It was Louis XIII who, in 1627, laid the first stone for the construction of this, the most Baroque of Parisian churches, built on the site of a former Jesuit chapel dating from 1584. Something of a nerve centre for Jesuits in France, the new church symbolised a return of peace. For they were expelled from France after Henry survived a murder attempt, in December, 1594, by a young man named Jean Chatel. Father Guignard, a Society of Jesus priest accused of organising the crime, was hung on the Place de la Grève on January 7th, 1595. Henry IV allowed the Jesuits back into France in 1604, after which he developed a close relationship with a Jesuit priest named Pierre Coton, who even became the king's confessor.

Saint-Paul-Saint-Louis Church

Hôtel de Mayenne

21, rue Saint-Antoine (4ᵉ)

L'hôtel de Mayenne est l'un des premiers hôtels parisiens construits entre cour et jardin. Il faut l'imaginer sans l'addition du corps supplémentaire ajouté entre les deux pavillons et que l'on reconnaît à sa couleur sombre. Au début du XVIIᵉ siècle, la propriété bénéficiait d'une situation remarquable, au sud du plus grand chantier d'urbanisme de l'époque, la place Royale. Henri de Mayenne, fils de Charles, homme de goût, fit alors appel à Jacques II Androuet du Cerceau, qui transforma et embellit la demeure avant de construire, en face, l'hôtel de Sully.

The Hotel de Mayenne was one of the first Parisian town houses to be built on a plan in which the building was situated between the courtyard and garden. The dark central body of the edifice, standing between the two pavilion buildings, was added later. At the beginning of the 17th century this was a remarkable site, lying just south of what was the largest urban re-development project of the time – the Place Royale. Henri de Mayenne, son of Charles, the Duke of Mayenne, called upon Jacques II Androuet du Cerceau to transform and embellish the property. Soon after, Jean Androuet du Cerceau designed the Hôtel de Sully, built just opposite.

Hôtel de Mayenne

PHARMACIE
Pharmacie
PARAPHARMACIE
PHARMACIE
HERBORISTERIE

Le quartier de l'Arsenal

Sortie du métro Sully-Morland (4e)

Fondé en 1512, l'arsenal de la ville fut reconstruit par Philibert de L'Orme pour les derniers Valois, puis modernisé par le duc de Sully, nommé Grand Maître de l'artillerie en 1599. Dans le même temps, Henri IV fit transformer le quai qui bordait l'arsenal en une belle promenade qu'on appelait alors le Mail. Le roi, qui ne traitait ses affaires qu'en marchant, appréciait la promenade le long de ce bras de la Seine, face à l'île Louviers, îlot dévolu aux exercices des arbalétriers et du déchargement du bois.

The town's arsenal, founded in 1512, was rebuilt by Philippe de L'Orme for the last of the House of Valois monarchs and then modernised by the Duke of Sully, who was given the title of Grand Master of the Artillery in 1599. During this time, Henry IV transformed the arsenal's quayside into a pleasant walkway, which was then called the mall. The king, who always went about his business while walking, enjoyed strolling along this branch of the river Seine in front of the island of Louviers, which was used as a training ground for crossbowmen and as a dock for deliveries of wood.

The Arsenal

L'Arsenal

façade de la bibliothèque

1, rue Sully (4e)

(ouvert au public durant les journées du Patrimoine)

Du vaste ensemble construit au XVIe siècle et développé par Maximilien de Béthune, il ne subsiste aujourd'hui que l'ancienne aile sud bordant la grande cour, logement de Sully qui abrite aujourd'hui la bibliothèque de l'Arsenal. La façade austère n'est plus d'époque, mais le souvenir d'Henri IV est très présent dans le décor Louis XIII : statue de Navarre enfant, bustes d'Henri IV et de Sully, peintures murales figurant l'entrée du roi dans Paris. Une curiosité : la roue à livres du XVIe siècle, qui permettait de lire plusieurs ouvrages sans se déplacer.

Of the vast complex built in the 16th century, and developed by Maximilien de Béthune, Duke of Sully, only the former south wing, bordering the main courtyard, remains today. This is Sully's former residence, and is now home to the Library of the Arsenal. The austere façade is not the original, but the memory of Henry IV is still very present in the interior decorations created under Louis XIII. These include a statue of Henry as a child, busts of the sovereign and of Sully, and mural paintings of the triumphant king entering Paris. The library contains an interesting curiosity dating from the 16th century in the form of a 'book wheel', designed to allow the consultation of several books while remaining seated.

The Arsenal

the library façade

BIBLIOTHÈQUE
DE L'ARSENAL
LIBERTÉ ÉGALITÉ FRATERNITÉ

Le plan de l'Arsenal

1, rue Sully (4e)

Sur le plan d'époque, affiché dans la bibliothèque de l'Arsenal, on est surpris de découvrir un quartier où les fonderies de canons jouxtent un environnement arboré de jardins et de parterres de broderies à la française. Côté du port Saint-Paul, le commerce de la chair battait son plein dans la rue de la Pute-y-muse, que le temps a déformée en « rue du Petit-Musc ». La rue de la Cerisaie abrita, en son numéro 10, le somptueux hôtel du financier Zamet, chez qui la belle Gabrielle mangea trois jours avant sa mort. Un temps soupçonné de l'avoir empoisonnée, il fut dédouané et conserva la confiance d'Henri IV.

Surprisingly, this original plan, displayed in the library, reveals that the foundries for making canons were situated alongside an area made up of gardens and French-style parterres. Beside the port of Saint Paul, the sex trade was concentrated along the *rue de la Pute-y-muse* (Street of the Idling Whore). Over time, this name has become transformed into a similarly-pronounced, but more respectable, *rue du Petit-Musc* (Street of the Little Musk). The quarter was also home to Sébastien Zamet, a financier of Italian origin, who lived at number 10 on the *rue de la Cerisaie*. It was here that Henry IV's mistress Gabrielle d'Estrées came to eat just three days before her death. Zamet was at first accused of poisoning her, but was later cleared of the suspicion and continued to enjoy Henry's favour.

Plan of the Arsenal

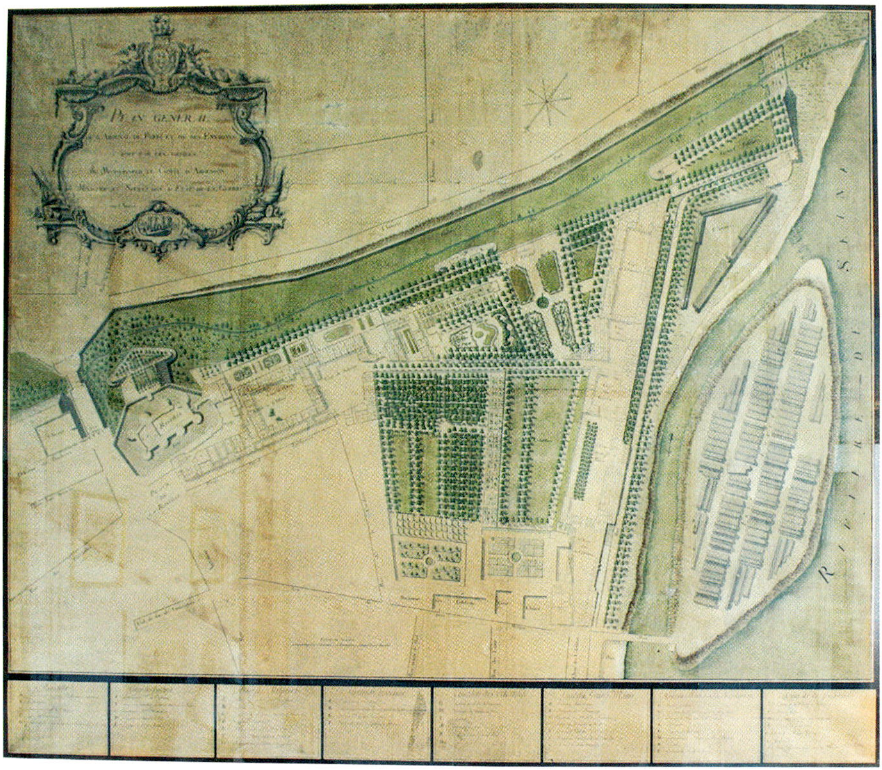
Riviere de Seine

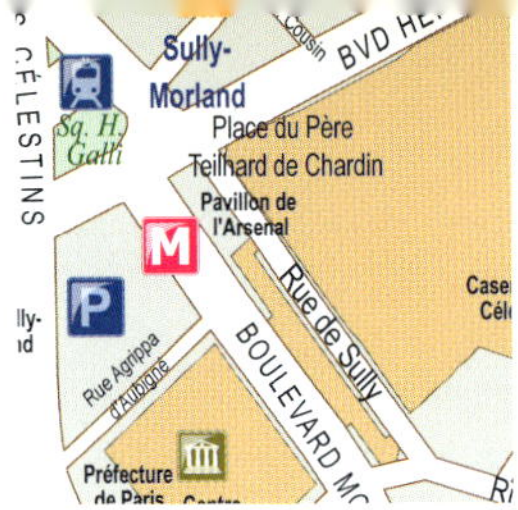

Les ruines de la Bastille

Square Henri-Galli, face à l'Arsenal (4e)

Le square Henri-Galli, à l'angle du pont Sully, expose le soubassement d'une des huit tours de la Bastille, la bien nommée « tour de la Liberté ». Mis à jour lors du percement de la ligne 1 du métro en 1899, les vestiges furent déplacés en ce lieu. Ils permettent de se rendre compte de l'épaisseur des tours de la célébrissime forteresse de Charles V. On doit à Henri IV d'avoir mis fin au rôle militaire de la Bastille qui sera alors utilisée pour abriter le Trésor royal. Sully y déposa 25 millions, que Marie de Médicis dilapida rapidement. Elle devint ensuite la prison que l'on sait sous Richelieu.

On the corner of the Sully bridge is the Henri-Galli square, where the remains of the base of one of the Bastille's eight towers, named Tower of Liberty, are displayed. They were moved here after being uncovered in 1899 during building work on the Paris metro at the nearby site of the Bastille. They give an idea of the impressive width of the towers of the original fortress built under King Charles V. It was Henry IV who put an end to its military use, when he made it home to the Royal Treasury. The fortune deposited within its walls by the Duke of Sully was rapidly depleted by Marie de Medici. It finally became an infamous prison in the 17th century, under Cardinal Richelieu.

Ruins of the Bastille

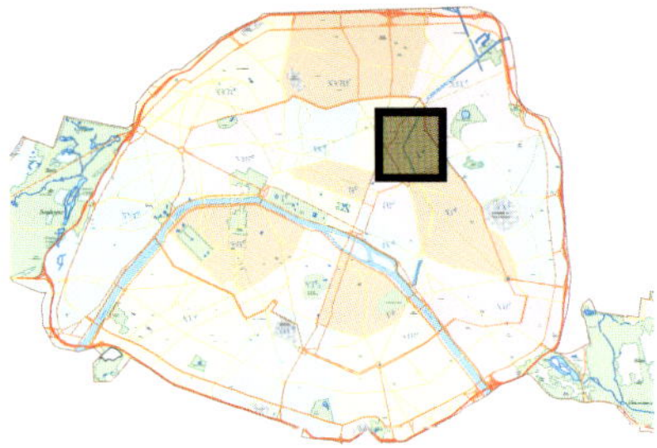

L'hôpital Saint-Louis

The Saint-Louis Hospital

Réservé à la mise en quarantaine des pestiférés hors des limites de la ville, l'hôpital Saint-Louis fut mis en chantier sur la rive droite qui se développait plus rapidement. Pensé pour fonctionner en autarcie complète, il est l'œuvre de l'architecte Claude Vellefaux. Héritage majeur du règne d'Henri IV, il constitue le premier exemple d'architecture hospitalière fonctionnelle. Dans le droit fil de celle de la place des Vosges, son esthétique repose sur l'harmonie d'une architecture « aux trois crayons » – pierre, brique et ardoise ; la polychromie et la symétrie des formes caractérisent les constructions de l'époque.

Built outside the town limits during the development of the Paris Right Bank, the Saint-Louis Hospital was destined to keep plague sufferers under quarantine and out of contact with the population. It was designed by the architect Claude Vellefaux to operate in complete self-sufficiency. This major architectural legacy from the reign of Henry IV was the first example of a functional hospital building. Its visual harmony is based on the three 'pencils' of brick, stone and slate in precisely the same aesthetic order that was used for the Place Royale (now Place des Vosges). Its polychromy and symmetry are characteristic of the constructions of that time.

Fernand Widal
Louis Blanc
St-Joseph Artisan
Bolivar
Rue Demarquay
Rue de l'Aqueduc
Éc. St-Laurent
Rue Louis Blanc
Quai de Valmy
Quai de Jemmapes
BVD DE LA VILLETTE
Square J. Falck
agenta
Centre Médical Champs-Elysées
Rue du Faubourg St-Martin
Rue Alexandre Parodi
Rue Pierre Dupont
Pass. Delessert
Rue L. Blanc
Rue d'Alsace
Château Landon
Rue Eugène Varlin
Éc. Elém. E. Varlin
Coll. La Grange aux Belles
R. F. Jammes
Place R. Desnos
R. A. Camus
Place du Colonel Fabien
Colonel Fabien
Gares
Rue G. Fr. Haendel
Sq E. Varlin
Éc. Mat. Ecluses St-Martin
Gare de l'Est
Rue du Terrage
Rue Robert Blache
Canal St-Martin
Rue C. Robin
Imp. Boutron
R. Monseigneur Rodhain
Rue des Ecluses St-Martin
Rue B. Zelenski
Éc. Mat. B. Zelenski
Éc. Elém. C. Vellefaux
Place R. Follereau
Pl Du 11 Novembre 1918
Avenue de Verdun
Sq de Verdun
Rue du Cdt Mortenol
Lyc. G. Ferrié
Rue Vicq d'Azyr
mai 1945
Pkg Est-2
Allée du Canal
Éc. Mat. Vicq d'Azir
Éc. Mat. Hôpital St-Louis
Imp. Chausson
Jardin Villemin
Rue de l'Hôpital St-Louis
Rue de la Grange aux Belles
Rue Juliette Dodu
Avenue Claude Vellefaux
R. H. Feulard
Éc. Mat. Récollets
Rue des Récollets
Cité Héron
Lyc. M. Laurencin
Rue de Sambre et Meuse
St-Martin
Passage des Récollets
Chapelle St-Louis
Hopital St-louis
Rue Jean Moinon
Place Ste-Marthe
Impasse Ste-Marthe
Rue Ste-Marthe
Passage Dubail
Sq. des Récollets
Rue Bichat
Rue du Chalet
Faubourg
BVD DE MAGENTA
Rue des Vinaigriers
Pont Tournant
Rue St-Maur
Passage Hébrard
Éc. Mat. Legouvé
Rue Lucien Sampaix
R. J. Poulmarch
Pkg St-Louis
Pass. du Buisson St-Louis
Rue du Buisson St-Louis
Rue Legouvé
Rue de Nancy
Coll. L. Michel
Éc. Elém. St-Maur
Passage des Marais
Rue de Lancry
Avenue Richerand
Rue Marie et Louise
Rue A. Groussier
Cité Hittorf
Cité de Magenta
Éc. Elém. Marseille
Rue Alibert
Éc. Mat. Parmentier
Cour des Bretons
Rue du Château d'Eau
Place J. Bonsergent
La Maison du Petit Enfant
Rue de Marseille
Rue Beaurepaire
Rue Jacques Louvel-Tessier
Avenue Parmentier
Rue Tesson
Marché St-Martin
Institut du Marais
Pont Mobile
J. Bonsergent
Rue P. Chausson
St-Martin des Champs
Rue Dieu
Rue d'Aix
Goncourt
RUE DU FAUBOURG DU TEMPLE
Cité Riverin
Rue Taylor
Rue A. Thomas
Rue de Lancry
Villa du Lavoir
Cité du Wauxhall
Rue Yves Toudic
Rue L. Jouhaux
Pkg Helios
Bourse du Travail
Place

LIBERTE EGALITÉ FRATERNITE

HOPITAL SAINT-LOUIS

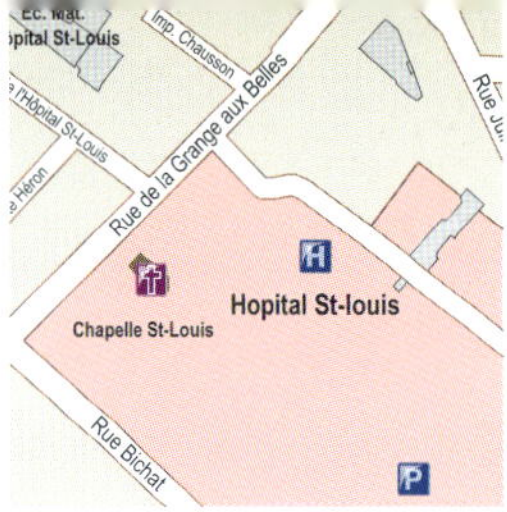

La chapelle

Entrée rue de la Grange-aux-Belles (10e)

Vue de l'intérieur de l'hôpital, la chapelle semble tourner le dos au quadrilatère central. En réalité, elle en constituait l'entrée, car elle était destinée, selon le vœu d'Henri IV, non aux malades contagieux, mais aux paroissiens des campagnes environnantes. La chapelle faisait donc saillie et le chœur seul était inclus dans l'enceinte. Henri IV vint en personne en poser la première pierre le 13 juillet 1607. Trois ans plus tard, la première cérémonie que l'on y célébra fut la messe mortuaire pour son fondateur assassiné. L'hôpital ne fonctionna à plein régime qu'en 1618, avec la grande peste de Paris.

Seen from inside the hospital, the chapel appears to turn its back on the central quadrilateral. In fact, it served as the entrance to this, because it was – according to the will of Henry IV – destined to serve the parishioners of the nearby country districts, rather than the hospital's contagious patients. The chapel is thus a protruding building and only the choir was situated within the hospital perimeters. It was Henry IV in person who laid the first stone on July 13th, 1607. The first ceremony was held three years later, for the funeral of its founding sovereign. The hospital began functioning at its full capacity in 1618, during the Great Plague of Paris.

The chapel

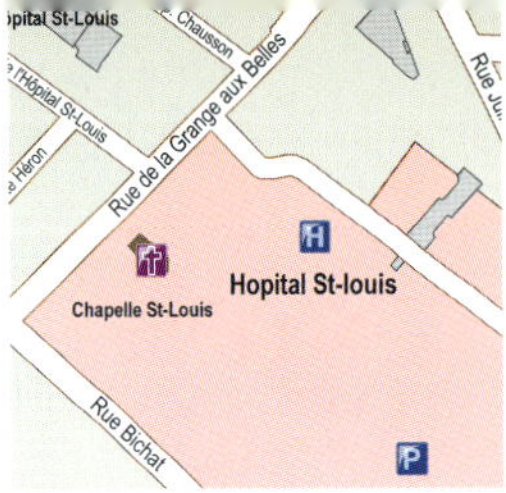

La chapelle
Tribune
Entrée rue de la Grange-aux-Belles (10e)

La chapelle est le tout premier édifice de la « Maison de Santé », succursale de l'Hôtel-Dieu, bientôt rebaptisée hôpital Saint-Louis en hommage au roi mort de la peste devant Tunis en 1270. Sa nef unique à quatre travées s'achève par une abside semi-circulaire. Miraculeusement préservée des déprédations de la Révolution, la tribune en pierre au revers de la façade porte encore les monogrammes d'Henri IV et de Marie de Médicis.

The chapel was the very first building of the hospital that was initially called the 'Maison de Santé' (House of Health), an annexe to the Hôtel-Dieu hospital. The Maison de Santé was re-named Saint-Louis Hospital in honour of King Louis IX, who died from the plague in 1270, near Tunis. The unique nave of the chapel, with four bays, ends in a semi-circular apse. The monograms of Henry IV and Marie de Medici, set in the stone gallery behind the façade, miraculously survived the widespread degradation of royal monuments and representations following the Revolution.

The chapel
the gallery

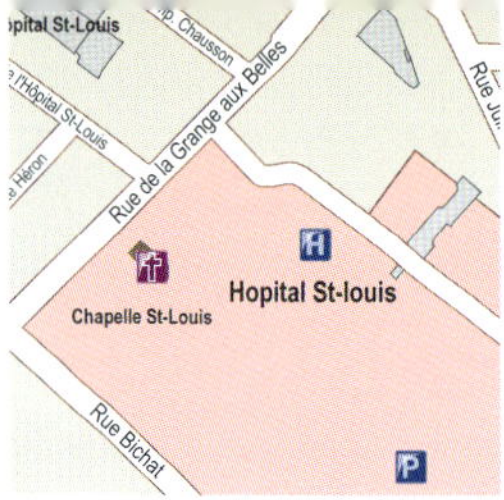

Le pavillon de l'Escalier
derrière la chapelle
Entrée rue de la Grange-aux-Belles (10e)

C'est au chevet de la chapelle que l'on trouve le petit pavillon dit « de l'Escalier ». Ce bâtiment constituait la véritable entrée de l'hôpital, par où l'on pouvait distribuer des denrées aux malades contagieux. Il fut plus tard transformé en laboratoire. Sous la niche renfermant le buste du Béarnais, la porte aux jambages saillants ouvrait vers l'escalier qui conduisait aux grandes salles de l'hôpital, *via* une galerie menant au quadrilatère.

This small building is found at the chevet of the chapel. It was the true entrance to the hospital through which food could be brought for the contagious inhabitants. It was later transformed into a laboratory. Under the recess containing a bust of Henry IV, the door with projected jambs opened onto the stairway that led, *via* a gallery onto the quadrilateral, to the hospital's large wards.

The Stairway Building
behind the chapel

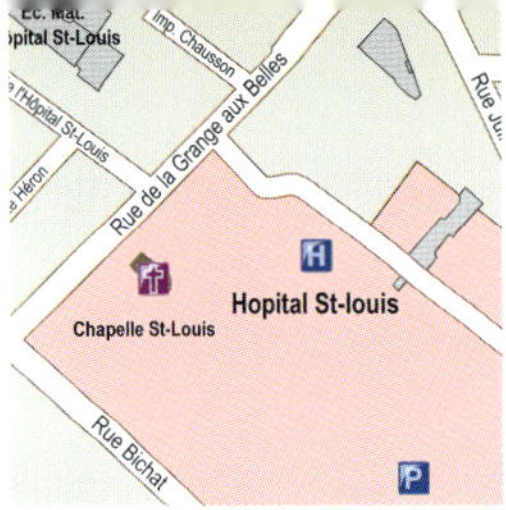

Le quadrilatère au centre de l'hôpital

Entrée rue de la Grange-aux-Belles (10e)

Formant un vaste quadrilatère de 120 mètres de côté, le bâtiment symétrique présente en chacun de ses quatre angles un pavillon monumental en brique à chaînage de pierre. Les malades étaient rassemblés aux premiers étages des quatre bâtiments, confinés dans des salles aux plafonds lambrissés et voûtés de 8 mètres de hauteur. À chaque angle, des pavillons rompent la monotonie, dressant vers le ciel leur clocheton ou leur campanile. Les rez-de-chaussée de l'édifice abritaient quant à eux des réserves que l'humidité rendait souvent insalubres. La cour centrale arborée a conservé sa vocation de promenoir.

This symmetrical building is shaped as a vast quadrilateral, its sides measuring 120 metres long. On each of the four corners stand monumental annexe buildings in brick and stone clamp, and whose pinnacles and campaniles break with the surrounding architectural monotony. The sick were kept on the first floor of each of these four buildings, confined to wards with vaulted and panelled ceilings of eight-metres in height. On the ground floors of the buildings were storerooms, which damp often rendered insalubrious. The central, tree-lined courtyard has kept its original purpose as a walking area.

The quadrilateral

at the centre of the hospital

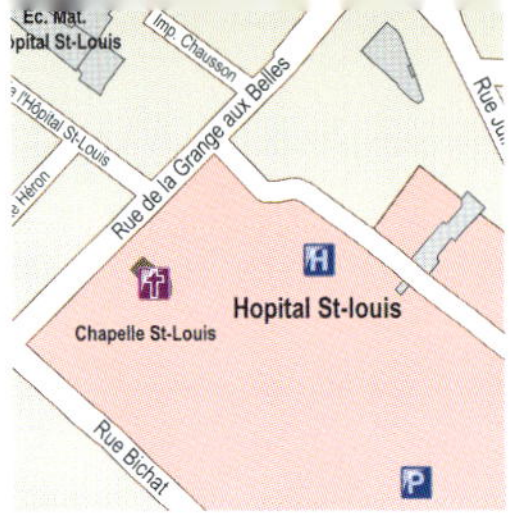

L'extérieur du quadrilatère

allées extérieures du quadrilatère

Entrée rue de la Grange-aux-Belles (10e)

Quatre bâtiments en équerre doublent chaque angle du quadrilatère par l'extérieur. Leurs hauts murs blancs sont percés de fenêtres passantes, dont le sommet découpe le rebord du toit, dans le plus pur style Renaissance. Ces groupes de bâtiments entouraient un chemin de ronde, gardé jour et nuit par des hommes en armes afin d'éviter l'évasion de malades contagieux. En gardant confinés les « empestez » tout comme le personnel soignant, l'hôpital répondait ainsi à l'exigence d'Henri IV de prémunir la ville contre les épidémies comme celle de 1562 qui avait fait plus de soixante-huit mille morts.

Four buildings at right-angles are adjoined to each outside corner of the quadrilateral. Their tall, white walls are topped by dormer windows, which stand out above the roof lines, in pure Renaissance style. These buildings overlooked a pathway that was guarded night and day by men-in-arms to prevent any escape by the hospital's contagious inhabitants. It was Henry IV who ordered that both the "plagued" and those who looked after them were kept within the site to avoid a repetition of epidemics like that of 1562, in which more than 68,000 people died.

The exterior of the quadrilateral

exterior alleys of the quadrilateral

BATIMENT LUGOL

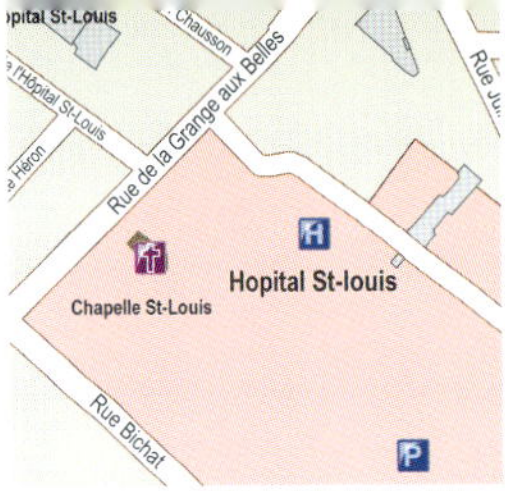

Le pavillon Gabrielle
à l'est du quadrilatère

Entrée 1, avenue Claude-Vellefaux (10e)

À l'extrémité de l'hôpital, le haut pavillon royal rend hommage à Gabrielle d'Estrées, favorite du roi. Il était adossé aux remparts entourant l'ensemble de l'hôpital qui comprenait également des jardins potagers et des jardins des simples, afin de garantir l'autarcie de Saint-Louis et d'approvisionner l'apothicairerie en plantes médicinales. Certains pavillons étaient ainsi spécifiquement destinés aux jardiniers. En 1669 fut aménagé un réservoir qui devait recueillir les eaux des hauteurs de Belleville. Ses vestiges en parfait état sont visibles dans une emprise bordant la rue Juliette-Dodu.

Situated at the extremity of the hospital, this tall royal building pays homage to Gabrielle d'Estrées, the king's favourite. It was once adjoined to the ramparts that surrounded the entire hospital grounds, including the vegetable and herb gardens. These allowed the establishment to remain self-sufficient while also providing the apothecary with medicinal plants. Some of the hospital buildings were entirely dedicated to the staff of gardeners. A reservoir was created in 1669, fed by the waters from the upper reaches of Belleville. Its perfectly preserved remains can be seen alongside the *rue Juliette-Dodu*.

The Gabrielle Pavillon
east of the quadrilateral

PAVILLON GABRIELLE

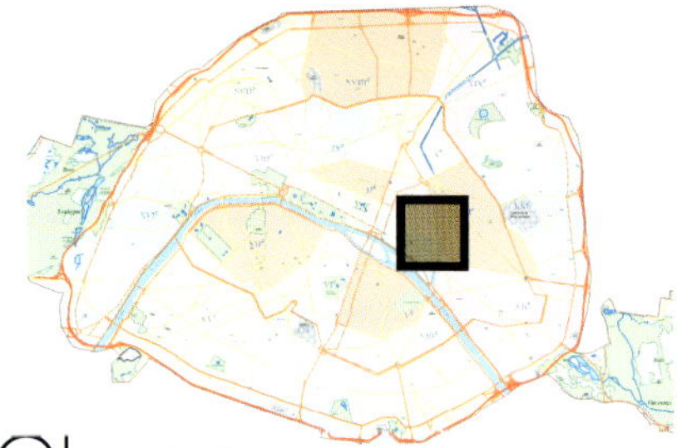

Cité, Pré-aux-Clercs et rive gauche
Cité, Pré-aux-Clercs and Left Bank

C'est par la rive gauche qu'Henri IV tenta une première fois de pénétrer dans la ville, en septembre 1590. C'est également depuis la rive gauche, du haut de l'église Saint-Germain-des-Prés, qu'il contempla la ville qu'il venait de violer, en 1594. C'est enfin rive gauche que l'ancienne abbaye Sainte-Geneviève fut rebaptisée « lycée Henri-IV », symbole de la légitimation du rôle fédérateur du bon roi Henri par la République naissante. C'est entre les deux rives enfin que Navarre devint réellement Henri IV, réconciliant Paris devant l'autel de Notre-Dame.

It was by the Left Bank that Heny IV tried first to enter Paris, in September 1590. It was from the Left Bank that, in 1594, standing aloft the Saint-Germain-des-Prés church, he contemplated the town he had just violated. The Left Bank was also the site of the former Sainte-Geneviève abbey which was turned into a school and re-named the 'lycée Henri-IV' in recognition, by an infant French Republic, of the federating role the sovereign had played. But it was between both principal banks of the river that Henry of Navarre truly became Henry IV of France when, before the altar of Notre-Dame Cathedral, he offered Paris reconciliation.

Jardin du Luxembourg
St-Germain-des-Prés
St-Sulpice
Mabillon
Odéon
Rue du Bac
Sèvres Babylone
Rennes
St-Placide
Notre-Dame-des-Champs
Vavin
Luxembourg
St-Michel
BVD ST-GERMAIN
BVD RASPAIL
RUE DE VAUGIRARD
BVD ST-MICHEL
BOULEVARD ST-MICHEL
RUE ST-JACQUES
QUAI DES GRANDS AUGUSTINS
Quai des Orfèvres
Rue de Sèvres
Rue de Rennes
Rue du Four
Rue du Vieux Colombier
Rue St - Sulpice
Rue Bonaparte
Rue Jacob
Rue de Seine
Rue Mazarine
Rue Dauphine
Rue de l'Abbaye
Rue Guénégaud
Rue de Nevers
Rue Christine
R. de Savoie
R. des Grands Augustins
R. St-André des Arts
Rue Séguier
Rue Danton
Rue Serpente
Rue de l'École de Médecine
Rue Racine
Rue Monsieur le Prince
Rue de Médicis
Rue de Tournon
Rue Garancière
Rue Palatine
Rue Férou
R. Servandoni
Rue Madame
Rue Cassette
Rue de Fleurus
Rue Guynemer
Rue Auguste Comte
Rue Michelet
Rue Vavin
Rue Notre-Dame-des-Champs
Rue du Montparnasse
Rue Bréa
Rue d'Assas
Rue du Cherche-Midi
Rue du Regard
Rue St-Placide
Rue Littré
Rue Stanislas
Rue Huysmans
Rue Coëtlogon
Rue de Mézières
Rue Jean Bart
Rue Joseph Bara
Rue Le Verrier
Rue Herschel
Rue Lobineau
Rue Guisarde
Rue des Canettes
Rue Princesse
Rue Mabillon
Rue Gozlin
R. de Buci
Rue de l'Ancienne Comédie
Rue de Condé
Rue de l'Odéon
Rue Dupuytren
Rue Visconti
Rue des Beaux-Arts
Rue B. Palissy
Rue du Dragon
R. du Sabot
Rue des Sts-Pères
Rue Dupin
Rue de l'Abbé Grégoire
Rue Pierre Sarrazin
Rue Gay-Lussac
Avenue de l'Observatoire
Jardin R. Cavelier de la Salle
Rue des Chartreux
Rue de Chevreuse
Rue de la Grande Chaumière
Rue Jules Chaplain
Avenue Vavin
Place du Québec
Place St-Sulpice
Place A. Deville
Place R. Debré
Carrefour de l'Odéon
Carrefour de Buci
Place P. Claudel
Place E. Rostand
Place E. Denis
Place du 18 Juin 1940
St-Thomas d'Aquin
E.N.A.
École Nat. Ponts et Chaussées
Paris V
Sciences Politique
St-Vladimir le Grand
Coll. J. Prévert
Éc. élém. St-Benoît
Pkg St Germain-des-Prés
Hôtel des Monnaies
Espace A. Dubout
Musée Eugène Delacroix
Pkg Mazarine
Coll. J. Prévert - Section Education Spécialisée
Éc. mat. St-André des Arts
Lyc. Gal Fénelon
Éc. élém. Jardinet
Pkg École de médecine
Paris VI
Maison d'A. Comte
Musée de Cluny
Paris III / IV
Sorbonne
Lyc. Tech. Maximilien Vox
Pkg Marché St-Germain
Institut Français d'Architecture
Pkg St Sulpice
Mairie du 6e
Paris VII
Le Sénat
Palais du Luxembourg
Éc. élém. Vaugirard
Institut Catholique de Paris
St Joseph des Carmes
Éc. élém. Madame
Éc. primaire Bossuet
Temple Luxembourg
Institut Arthur Vernes
Lyc. Raspail
Lyc. Technique Privé Saint-Nicolas
St Ignace
Enseignement Privé Stanislas
Institut Sainte-Geneviève
Coll. et Lyc. Privés Saint-Sulpice
Chapelle Saint-Joseph des Carmes
Lyc. Saint-Louis
Éc. des Mines
St Jacques du Haut Pas
École Nat. Sup. de Chimie
Institut Nat. des Jeunes Sourds
Musée et Atelier Zadkine
Université de Droit Paris II
N. D. des Champs
Éc. Privée
Pkg St-Michel
Conciergerie
Clun La Sorb
VIe
Ve

Notre-Dame

Parvis de la cathédrale

Rue Neuve-Notre-Dame (4e)

Les nombreuses maisons à pans de bois et les dix-sept chapelles qui occupaient l'actuel parvis masquaient la cathédrale lorsque l'on empruntait la rue Neuve-Notre-Dame. Chaque jour, la Ligue faisait défiler, dans une dévotion hystérique, les processions qui affluaient de tout Paris. Après avoir passé l'ancien Hôtel-Dieu (dont l'emplacement est signalé au sol sur l'actuel parvis), on voyait surgir l'imposante rosace de la cathédrale. C'est devant le portail du Jugement dernier que les condamnés faisaient amende honorable avant d'être conduits au supplice place de Grève.

When approaching the cathedral from the *rue Neuve-Notre-Dame*, it was obscured from sight by numerous wood-panelled houses and some 17 chapels situated where the parvis is now. Every day, in a demonstration of hysterical devotion, the Holy League organised processions that came from all over Paris. The imposing rose window of the cathedral became visible only after passing the former Hôtel-Dieu, the former site of which is marked on the parvis. Condemned prisoners were brought before the Gate of the Last Judgement to make their amends before being taken to their execution on the Place de la Grève.

Notre-Dame

the cathedral parvis

Notre-Dame

le chœur

Cathédrale Notre-Dame (4e)

En 1572, Jeanne d'Albret et Catherine de Médicis décidèrent le mariage d'Henri de Navarre avec Marguerite de Valois afin de tenter une réconciliation entre les catholiques et les protestants. Une bien curieuse cérémonie, où l'échange des consentements se fit sur une estrade dressée sur le parvis sans que Navarre assiste à la bénédiction. Plus tard, après l'abjuration et la reddition de la capitale affamée, il fallut admettre que « Paris [valait] bien une messe ». Henri IV vint aussitôt y assister à un office d'actions de grâce. Plus tard, lors de la naissance du dauphin, Henri IV y fit chanter le *Te Deum*.

In order to attempt reconciliation between Catholics and Protestants, Jeanne d'Albret and Catherine de Medici decided to marry Henry of Navarre and Marguerite de Valois. It was an unusual ceremony, where the exchange of vows was made on a platform erected on the parvis, while Henry was not present for the benediction. Later, after his abjuration and the surrender of a besieged and starving capital, it was indeed clear that Paris was "worth a mass". Henry IV just as soon attended a thanksgiving mass. Later still, when the dauphin was born, Henry IV sang the *Te Deum*.

Notre-Dame

the choir

Saint-Germain-des-Prés

le clocher

3, place Saint-Germain-des-Prés (6e)

Le 2 novembre 1589, Henri IV, assiégeant Paris, franchit les arceaux romans de la plus ancienne église de la capitale. Il est conduit en haut des escaliers, au sommet de la tour carrée, afin d'examiner la situation de la ville. Il fait ensuite le tour du cloître sans entrer dans l'église, et se retire sans prononcer un mot. Il confiera plus tard son angoisse rétrospective d'avoir été mené en haut du clocher sans aucune escorte, accompagné d'un seul moine catholique qui aurait pu attenter à sa vie.

It was during his siege of Paris that, on November 2nd 1589, Henry IV passed through the Roman arches of the capital's oldest church. He was led to the top of the stairway to reach the summit of the square tower, from where he studied the state of the town. He then visited the cloister, without entering the church, and left without uttering a word. He would later reveal his retrospective anxiety at the potential danger of assassination to which he had exposed himself; he had been taken, without his escort, to the top of the tower by a Catholic monk.

Saint-Germain-des-Prés Church

the bell tower

Le palais abbatial

façade

3-5, rue de l'Abbaye (6e)

La construction de ce palais fut entreprise en 1586 pour le compte de l'oncle d'Henri de Navarre, le cardinal Charles de Bourbon, choisi par les ligueurs pour être leur prétendant, sous le nom de Charles X. Arrêté à Blois, il finit sa vie enfermé au château de Fontenay-le-Comte. Quant à l'abbaye, c'est l'un des seuls bâtiments qui datent des années sanglantes des guerres de religion. Deuxième construction en style brique et pierre après l'hôtel Scipion Sardini (une bâtisse Renaissance italienne située au 5, rue Scipion), il se présentait comme un petit château précédé d'une cour d'honneur avec un jardin qui entourait le chevet de l'église.

The building of the palace house began in 1586, for the benefit of Charles de Bourbon, uncle of Henry of Navarre and who the Holy League had chosen to be their pretender to the throne, under the name of Charles X. He was later arrested in the town of Blois, and ended his days imprisoned in the château of Fontenay-le-Comte. The abbey palace house is one of the few remaining buildings which date from the bloody years of the Wars of Religion. It was the second edifice to be built in the brick and stone style, after that of the Italian Renaissance-style Scipion Sardini town house situated on the *rue Scipion*. Its presentation was that of a small chateau, fronted by a courtyard of honour and a garden that surrounded the chevet of the church.

The abbey palace house

façade

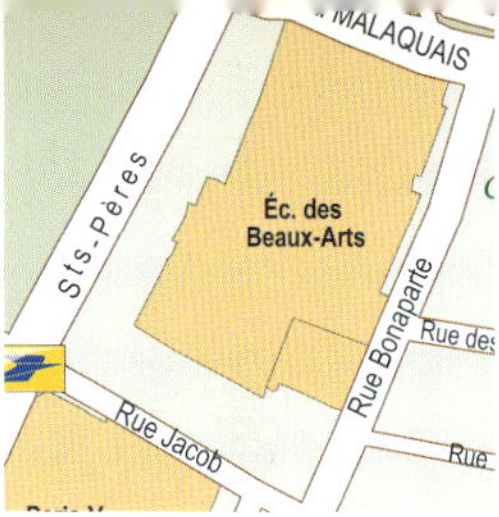

École des Beaux-arts

Chapelle des Petits-Augustins

14, rue Bonaparte (6e)

(visite pendant les journées portes ouvertes en juin, les journées du Patrimoine ; visites de groupes avec conférencier le lundi après-midi réservation au 01 47 03 50 00)

Après l'exécution de son amant, en 1605, Marguerite de Valois quitta l'hôtel de Sens. L'ancienne épouse répudiée d'Henri IV décida de s'installer dans les grands espaces du Pré-aux-Clercs, où elle venait de faire construire un gigantesque palais entre le quai et la rue de Seine, dont le parc s'étendait sur 16 hectares, et dans le voisinage duquel elle fit édifier également le couvent et la chapelle des Petits-Augustins. Légué en héritage à Louis XIII après la mort de la reine, ce palais fut démoli. Seule subsiste, dans l'École des Beaux-Arts, la chapelle des Louanges, unique témoignage de la présence insolite de Margot face aux palais des Tuileries.

Marguerite de Valois, the repudiated wife of Henry IV (Queen Margot), moved out of the Hôtel de Sens following the execution there of her lover in 1605. She decided to establish residence within the grand spaces of the Pré-aux-Clercs quarter. She built for herself a gigantic palace situated between the river Seine and the *rue de Seine*, surrounded by 16 hectares of parkland. She also commissioned the construction of the Petits-Augustins Chapel. Upon the death of this controversial queen, the palace was left to Louis XIII, and was immediately destroyed, but the chapel remains standing to this day.

School of Fine Arts

Petits-Augustins Chapel

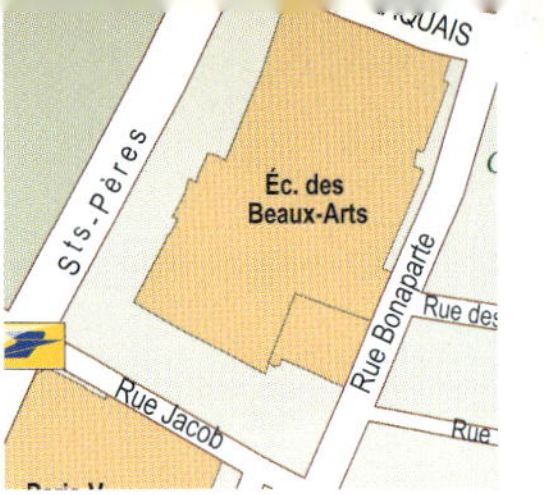

École des Beaux-arts

la chapelle des Louanges

14, rue Bonaparte (6e)

Visite pendant les journées portes ouvertes en juin, ou les journées du Patrimoine ; visites de groupes avec conférencier le lundi après-midi réservation au 01 47 03 50 00

Attenante à la chapelle des Petits-Augustins, une chapelle hexagonale fut aménagée en 1608 pour honorer le vœu que Marguerite de Valois avait fait à l'occasion de son exil d'Usson, alors qu'elle se remettait d'une grave maladie – à moins que ce ne fût des suites d'un coup de feu. C'est l'une des premières à Paris à être surmontée d'une coupole, indice du goût italianisant de l'ancienne épouse d'Henri IV. Elle était destinée à résonner nuit et jour des cantiques et des louanges chantés par une quinzaine d'Augustins. Les œuvres que l'on voit ont été créées par l'École des Beaux-arts sous le Second Empire et sont un écho de l'amour que la reine Marguerite portait à l'art de son temps.

A hexagonal chapel adjoining the Petits-Augustins chapel was built in 1608, to honour a vow made by Marguerite de Valois while she was recovering from a serious illness (or possibly a shooting wound) during her exile in Usson. The chapel is one of the first in Paris to be topped by a dome, indicating the Italianate tastes of Henry IV's former spouse. It resonated night and day to the hymns and praises sung by some 20 Augustinian monks. The artwork here was created by the Paris Beaux-arts (Fine Arts) school during the 19th century Second Empire period.

School of Fine Arts

the Louanges Chapel

MICHEL-ANGE

Jardins de l'ancienne École polytechnique

collège de Navarre

5, rue Descartes (5e)

(jardin ouvert le week-end seulement)

Situé sur les lieux du paisible jardin carré de l'ancienne École Polytechnique, le Collège de Navarre était jadis l'établissement le plus renommé de l'Université de Paris. À la fin du XVIe siècle, trois élèves célèbres le fréquentèrent : Henri III, Henri de Guise et Henri IV. Depuis la fenêtre de l'hôtel médiéval dont il ne reste aucun vestige, le jeune Navarre pouvait contempler le clocher de l'abbaye Sainte-Geneviève, encore coiffé de sa flèche avant qu'il ne soit foudroyé.

Situated in the peaceful gardens of the former Ecole Polytechnique, the Navarre College was once the most celebrated of any belonging to the University of Paris. By the end of the 16th century, three famous students were enrolled here; Henry III, Henry I (Duke) of Guise and Henry IV. From the window of the medieval mansion that once stood here, it was possible for Henry IV to contemplate the belfry of the Sainte-Geneviève abbey and its spire – which has since been destroyed by lightening.

Gardens of the former Ecole Polytechnique

Collège de Navarre

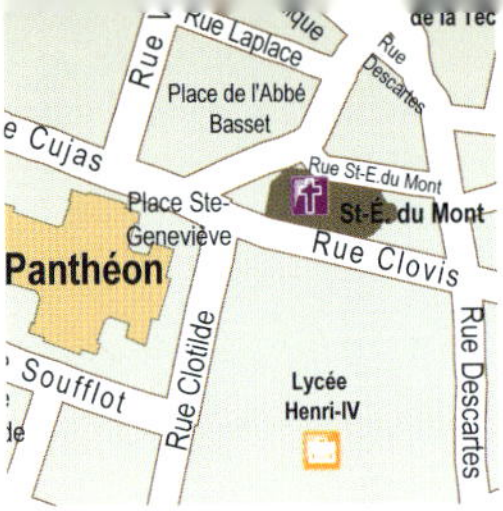

Saint-Étienne-du-Mont

façade médiévale

Place Sainte-Geneviève (5e)

Henri IV n'a pas vu l'église dans son aspect définitif. Trois mois après l'assassinat du Béarnais, la première pierre de sa façade à double fronton fut posée par Marguerite de Valois, qui donna trois mille livres pour achever la construction. Il put admirer en revanche la partie médiévale de l'édifice et sa tour d'encoignure gauche ainsi que la première partie du clocher. C'était lui qui avait impulsé, en 1605, la construction des portes du fameux jubé édifié en 1545 – le seul restant intact à Paris – et, aussi, celle de la chapelle de la Communion et la galerie des Charniers situés derrière l'abside.

Henry IV would never see the completion of this church. Three months after his assassination, the first stone of its façade was laid by Marguerite de Valois, who donated 3,000 livres towards the cost of its construction. Henry was, however, able to admire the medieval part of the edifice, its left-hand corner tower and the first stage of the bell tower. It was he who, in 1605, initiated the making of the doors of the church's famous rood-screen built in 1545 – the only one in Paris still intact – and the construction of the communion chapel and the charnel gallery situated behind the apse.

Saint-Étienne-du-Mont Church

medieval façade

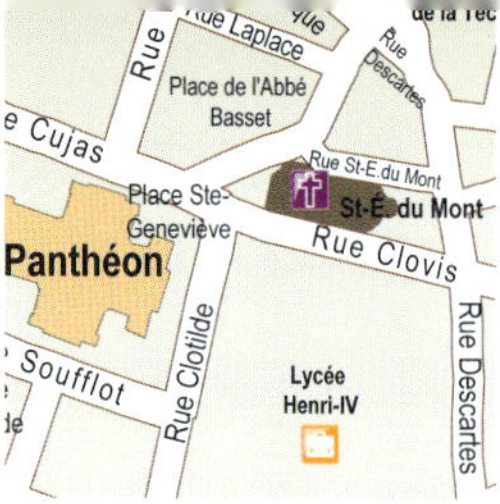

Saint-Étienne-du-Mont

cloître des Charniers

À l'intérieur de l'église Saint-Étienne-du-Mont
Place Sainte-Geneviève (5e)

C'est entre 1605 et 1609 que sont achevés les vitraux à l'émail du cloître, et qu'est construite la galerie des Charniers, surnommée ainsi car il y avait en effet un petit cimetière derrière le chevet. Avant l'interdiction d'enterrer les morts à l'intérieur des églises, celle-ci eut ainsi le privilège d'accueillir Eustache Le Sueur, Blaise Pascal et Jean Racine.

The enamelled cloister windows of stained glass were completed between 1605 and 1609, at the same time as the construction of the charnel gallery. It was so-named because a graveyard, behind the chevet, is partly contained in this small courtyard. It can be reached through a door in the corridor of the cloister. Before it became illegal to bury the dead inside church grounds, the cemetery had the privilege of becoming the resting place for the remains of the painter Eustache Le Sueur, the mathematician Blaise Pascal and the tragedian Jean Racine.

Saint-Étienne -du-Mont Church

Charnel Cloister

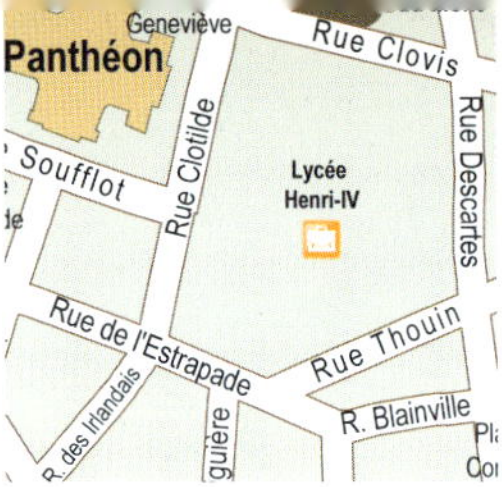

Lycée Henri-IV
la chapelle
Rue Clotilde (5e)

Le lycée fut rebaptisé au gré des circonstances : « Napoléon » sous les Empires, « Pierre-Corneille » sous l'éphémère IIe République. La Restauration avait renoué avec l'image populaire du premier des Bourbons, la IIIe République s'en est accommodée. Aujourd'hui, seul le clocher de l'abbaye Sainte-Geneviève – la « tour Clovis » – évoque les temps anciens où la colline était le centre des consciences de la capitale. De ses anciens bâtiments conventuels, qui abritaient autrefois la dépouille de la patronne de Paris, il reste également le réfectoire du XIIe siècle, aujourd'hui transformé en chapelle.

The lycée (secondary school) was re-named at different times and according to different political contexts; "Napoleon" under the Empire, and "Pierre-Corneille" under the short-lived 2nd Republic. Its original name was returned under the Restoration, in honour of the popular image of the first Bourbon king, and this was kept under the 3rd Republic. The bell tower – called the Clovis Tower – is the only exterior remnant dating from the period when the Sainte-Geneviève Abbey was the capital's intellectual centre. Of the former convent, which once contained the remains of Saint Geneviève, the patron saint of Paris, there remains the 12th century refectory, which is today transformed into a chapel.

Lycée Henri-IV
the chapel, facing the Panthéon

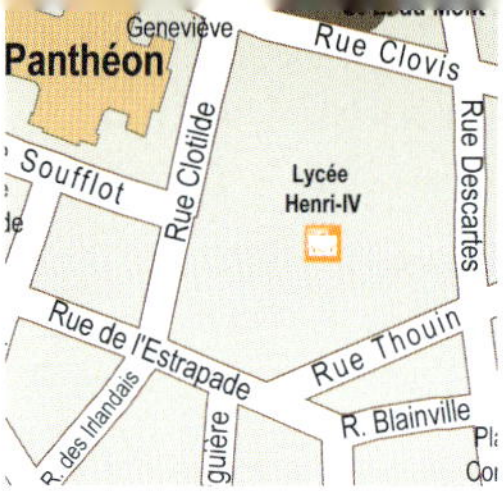

Chapelle du lycée Henri-IV
le réfectoire de l'abbaye Sainte-Geneviève

Rue Clotilde (5e)

Les moines génovéfains se restauraient dans ce réfectoire, sous la voûte à nervures croisées. On remarque une tribune accessible par une petite porte et un escalier creusé dans l'épaisse paroi. Le moine récitant se tenait là, pour lire les paroles saintes durant les repas. Lors de son règne, Henri IV s'y restaura-t-il à l'occasion d'une visite du couvent ? Ce qui est sûr, c'est qu'il échoua à y pénétrer pendant le siège de Paris, quand, dans la nuit du 10 au 11 septembre 1590, ses soldats tentèrent d'escalader les remparts qui dominaient les jardins de l'abbaye.

The order's monks would replenish themselves in this refectory, under the cross-ribbed vault. There is a gallery that can be accessed through a small door leading to a stairway cut into the wide wall. It was there that a reciting monk would take his place to read the Holy Scriptures during the meals. One can only guess as to whether Henry IV sat down to eat here during a visit to the convent. However, what is certain is that he was unable to enter the building during his siege of Paris when, during the night of September 10th and 11th in 1590, his soldiers had tried to climb the ramparts that rose above the abbey's gardens.

Chapel of the Lycée Henri-IV
refectory of the Sainte-Geneviève Abbey

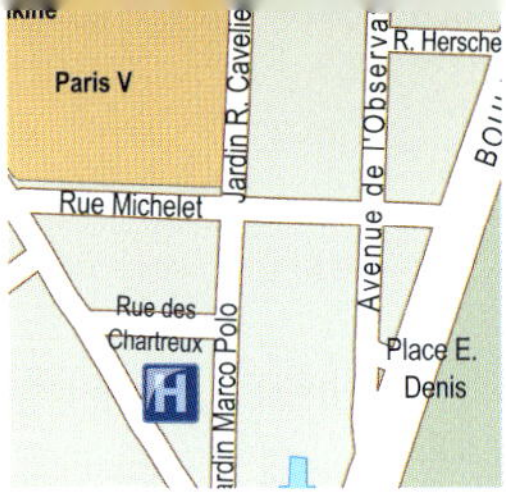

L'aqueduc d'Arcueil

maison du Fontainier

42, avenue de l'Observatoire (14e)

(visites régulières organisées par l'association du Paris historique et pendant les journées du patrimoine)

Conscient de la pénurie chronique d'eau potable dans la capitale, Henri IV lança, un an avant sa mort, un grand programme de réhabilitation de l'aqueduc romain, à partir du carré des eaux de Rungis. Marie de Médicis mena à terme ce chantier de 13 kilomètres de galeries souterraines, dont il demeure quelques vestiges. La maison du Fontainier est le vingt-septième regard de l'aqueduc Médicis. Dotée d'un bassin de répartition des eaux qui desservait le palais du Luxembourg et les treize fontaines publiques, la maison du Fontainier, avec son étonnant réservoir voûté, est classée monument historique depuis 1994.

The Arcueil aqueduct

Maison du Fontainier

One year before his death, Henry IV launched a major project to ease the chronic shortage of drinking water in the capital. This involved restoring a former Roman aqueduct that led to Paris from a water source at Rungis, just south of the town. The renovation of 13 kilometres of underground corridors, of which a few remains exist today, was completed under Marie de Medici. The Maison du Fontainier (house of the hydraulic engineer), was the 27th service point along the Medici aqueduct. It contained a basin that dispatched water to the Luxembourg Palace and 13 public fountains. The Maison du Fontainier, which has a remarkable vaulted reservoir, was made a protected historic building in 1994.

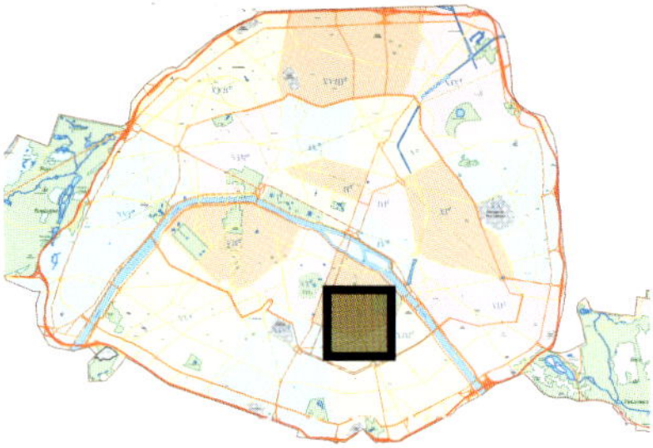

Le quartier des Gobelins
The Gobelins quarter

Henri IV et Sully jetèrent les fondations de l'un des quartiers les plus industrieux de la capitale. Dès le XVIe siècle, boucheries, tanneries et tapisseries s'activèrent ici le long de la Bièvre, artère indispensable aux industries des faubourgs Saint-Marcel et des Gobelins. Celle-ci coula à ciel ouvert jusqu'au début du XXe siècle.

Henry IV and the Duke of Sully laid the foundations for what became one of the most industrious quarters of the capital. As of the 16th century, butcher's shops, tanneries and tapestry-makers lined the length of the river Bièvre, an artery of the Seine that was indispensable for the industries of the inner suburbs that were Saint-Marcel and Gobelins. It was in the 20th century that the Bièvre was largely covered over to become an underground river.

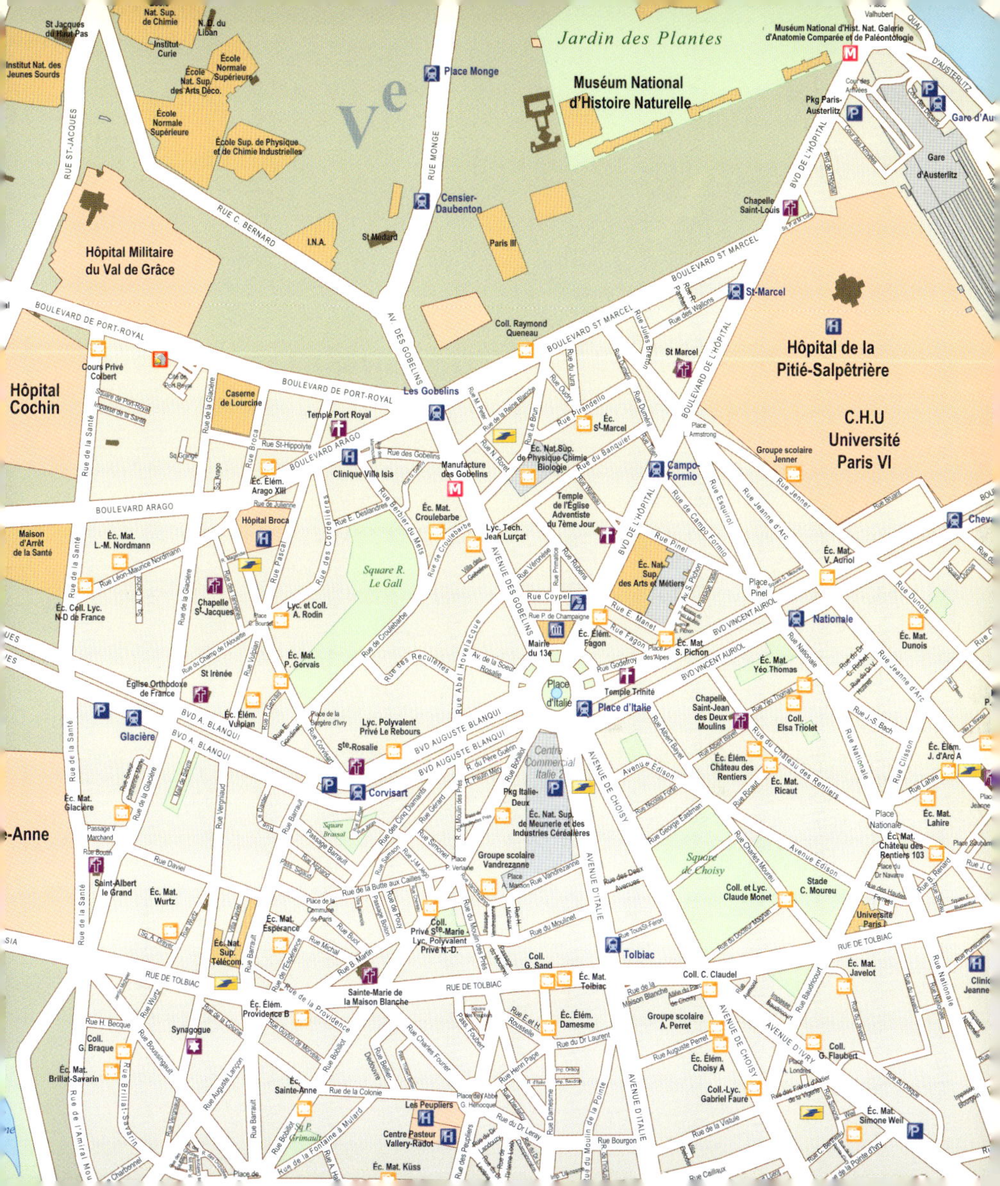

Jardin des Plantes
Muséum National d'Histoire Naturelle
Muséum National d'Hist. Nat. Galerie d'Anatomie Comparée et de Paléontologie
Ve
Place Monge
Censier-Daubenton
Paris III
St Médard
I.N.A.
École Normale Supérieure
École Sup. de Physique et de Chimie Industrielles
Institut Curie
Nat. Sup. de Chimie
N. D. du Liban
St Jacques du Haut Pas
Institut Nat. des Jeunes Sourds
École Nat. Sup. des Arts Déco.
Hôpital Militaire du Val de Grâce
Hôpital Cochin
Hôpital de la Pitié-Salpêtrière
C.H.U Université Paris VI
Gare d'Austerlitz
Pkg Paris-Austerlitz
Chapelle Saint-Louis
St-Marcel
Coll. Raymond Queneau
Les Gobelins
Manufacture des Gobelins
Temple Port Royal
Caserne de Lourcine
Cours Privé Colbert
Clinique Villa Isis
Éc. Élém. Arago XIII
Hôpital Broca
Square R. Le Gall
Éc. Mat. Croulebarbe
Lyc. Tech. Jean Lurçat
Éc. Nat. Sup. de Physique Chimie Biologie
Temple de l'Église Adventiste du 7ème Jour
Campo-Formio
Groupe scolaire Jenner
Éc. Nat. Sup. des Arts et Métiers
Mairie du 13e
Éc. Élém. Fagon
Éc. Mat. S. Pichon
Temple Trinité
Place d'Italie
Nationale
Éc. Mat. V. Auriol
Éc. Mat. Dunois
Éc. Mat. Yéo Thomas
Coll. Elsa Triolet
Chapelle Saint-Jean des Deux Moulins
Éc. Élém. Château des Rentiers
Éc. Mat. Ricaut
Centre Commercial Italie 2
Pkg Italie-Deux
Éc. Nat. Sup. de Meunerie et des Industries Céréalières
Groupe scolaire Vandrezanne
Maison d'Arrêt de la Santé
Éc. Mat. L.-M. Nordmann
Éc. Coll. Lyc. N-D de France
Chapelle St-Jacques
Lyc. et Coll. A. Rodin
Éc. Mat. P. Gervais
St Irénée
Église Orthodoxe de France
Éc. Élém. Vulpian
Lyc. Polyvalent Privé Le Rebours
Ste-Rosalie
Glacière
Corvisart
Éc. Mat. Glacière
Saint-Albert le Grand
Éc. Mat. Wurtz
Éc. Nat. Sup. Télécom.
Éc. Mat. Espérance
Coll. Privé Ste-Marie - Lyc. Polyvalent Privé N.-D.
Sainte-Marie de la Maison Blanche
Éc. Élém. Providence B
Synagogue
Coll. G. Braque
Éc. Mat. Brillat-Savarin
Éc. Sainte-Anne
Les Peupliers
Centre Pasteur Vallery-Radot
Éc. Mat. Küss
Coll. G. Sand
Éc. Mat. Tolbiac
Éc. Élém. Damesme
Tolbiac
Coll. C. Claudel
Groupe scolaire A. Perret
Éc. Élém. Choisy A
Coll.-Lyc. Gabriel Fauré
Square de Choisy
Coll. et Lyc. Claude Monet
Stade C. Moureu
Éc. Mat. Château des Rentiers 103
Université Paris I
Éc. Mat. Lahire
Éc. Élém. J. d'Arc A
Éc. Mat. Javelot
Coll. G. Flaubert
Éc. Mat. Simone Weil
BOULEVARD DE PORT-ROYAL
BOULEVARD ARAGO
BOULEVARD ST MARCEL
BD DE L'HÔPITAL
AVENUE DES GOBELINS
AV. DES GOBELINS
RUE MONGE
RUE ST-JACQUES
RUE C. BERNARD
BVD VINCENT AURIOL
BVD AUGUSTE BLANQUI
BVD A. BLANQUI
AVENUE DE CHOISY
AVENUE D'ITALIE
AVENUE D'IVRY
RUE DE TOLBIAC
Avenue Edison
Rue de la Santé
Rue de la Glacière
Rue de Croulebarbe
Rue Nationale
Rue Jeanne d'Arc
Rue du Château des Rentiers
Rue de la Colonie
Rue Bobillot
Rue Barrault
Place Pinel
Place Nationale

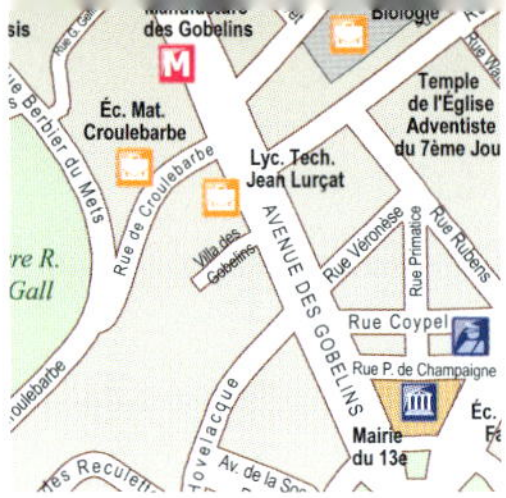

La manufacture des Gobelins

façade

42, avenue des Gobelins (13e)

En 1607, Henri IV ouvre les ateliers de tissage du faubourg Saint-Marcel, appelés à devenir la manufacture des Gobelins. Le projet est impulsé par son contrôleur général du commerce, Barthélemy de Laffemas, principal promoteur des activités industrielles du royaume, également créateur d'une magnanerie contiguë aux quinze mille mûriers qu'il fit planter au bois de Boulogne. Parmi les premières commandes royales figure le cycle des quinze tapisseries de la *Tenture d'Artémise*, tissée avec des fils d'or et d'argent. Destinée à la reine Marie de Médicis, elle est un chef-d'œuvre de la Renaissance française.

The weaving mills in the suburb of Saint-Marcel were opened under Henry IV in 1607, and would later be re-organised together to become the Manufacture des Gobelins (the Gobelins Factory). The project was inspired by Barthélemy de Laffemas, the monarch's General Controller of Commerce. He was the principal director of industrial activities in the kingdom. Among the first royal orders placed with the Manufacture des Gobelins was that for a series of 15 tapestries collectively known as the *Tenture d'Artémise* (the Artemis Hanging), which were woven with gold and silver thread. This masterpiece of French Renaissance art was made for Marie de Medici.

The Manufacture des Gobelins

façade

DES GOBELINS
J-F DE TROY
LA CHIMIE

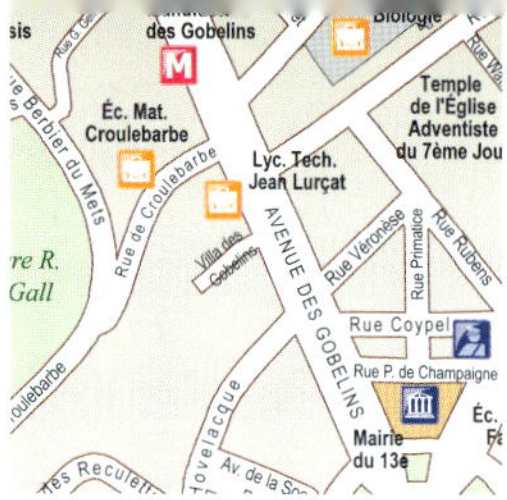

Les maisons médiévales

l'essor des tapisseries

17-21, rue des Gobelins (13e)

Leurs origines remontent à Jehan Gobelin, teinturier en écarlate d'origine flamande, qui s'établit en 1443 sur un bras de la Bièvre, devenu aujourd'hui la rue Berbier-du-Mets. Jean s'installa au 3 bis de l'actuelle rue des Gobelins, tandis que François prit « la maison d'en bas », à l'emplacement des numéros 17 à 21. L'industrie prit son essor sous Henri IV qui fit venir deux autres tapissiers flamands, François de La Planche et Marc de Comans, dans l'objectif de mettre en place une industrie d'État. Plus tard, Colbert regroupa deux cent cinquante tapissiers et tisserands de la ville dans la Manufacture royale des Gobelins, à laquelle il confia en outre la mission de concevoir l'ensemble du mobilier du Roi-Soleil.

The medieval houses

the development of tapestry workshops

Jehan Gobelin, a scarlet dye maker of Flemish origin, established his business here in 1443, beside a branch of the Bièvre river that flowed where now stands the *rue Berbier-du-Mets*. Jehan settled at number 3 of what is today the *rue des Gobelins*. The activity entered a boom period under Henry IV. With the aim of establishing a state-run industry, he brought here two leading Flemish tapestry makers, François de La Planche and Marc de Comans. Later, King Louis XIV's controller of finances, Jean-Baptiste Colbert, regrouped 250 Parisian tapestry makers to form the 'Manufacture Royale des Gobelins' (Royal Factory of the Gobelins). The establishment was also given the mission of creating all of the Sun King's furniture.

Le château de la reine Blanche

l'essor des tapisseries

17, rue des Gobelins (13e)

Le château de la reine Blanche évoque la présence de la petite-fille de Blanche de Castille, morte au couvent des Cordelières tout proche. Si le domaine fut bien celui de Blanche de France, veuve de Ferdinand de La Cerda, héritier des royaumes de Castille et de León, cette demeure fut bâtie au XVIe siècle pour la famille Gobelin et l'ensemble des bâtiments furent utilisés comme teinturerie, puis comme tannerie au XIXe siècle. Quant aux bâtiments de brique de l'ancienne Compagnie française du néon, ils évoquent encore le caractère industrieux qui marqua ce quartier jusqu'aux années 1950.

The name Château de la Reine Blanche (Château of the White Queen) refers to the presence here of Blanche of France, granddaughter of King Louis VIII's wife, Blanche of Castile. While the domain belonged to Blanche of France, widow of Ferdinand de La Cerda, heir to the kingdoms of Castile and León, the buildings date from the 16th century. They were erected for the Gobelin family, and the constructions were used for dyeing and, in the 19th century, as a tannery. The brick buildings of the former 'Compagnie française du néon' (French neon lighting company) are testimony to the industrial activities that formed the character of the quarter up until the 1950s.

The Château de la Reine Blanche

the development of tapestry workshops

JOUR ET NUIT
JOUR

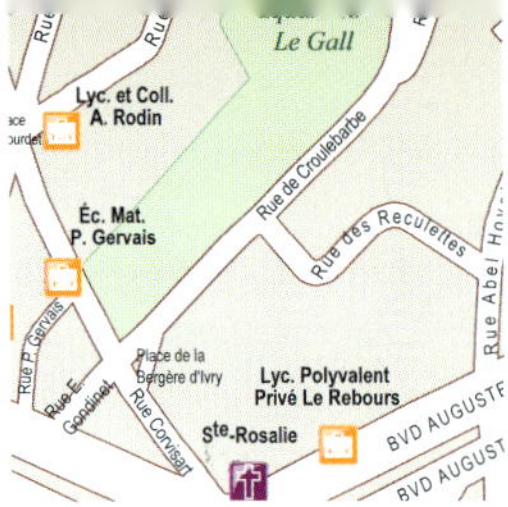

Square Le Gall
le moulin de Croulebarbe

Square Le Gall, entrée rue Croulebarbe (13e)

Construit en 1938 sur les anciennes dépendances du Mobilier national et de la Manufacture des Gobelins, le square Le Gall longe la rue Croulebarbe, du nom de la famille qui possédait des moulins sur la Bièvre et qui donna son nom au quartier. À l'angle de la rue Corvisart et de la rue Croulebarbe, à l'entrée du jardin, une plaque au sol signale l'emplacement du vieux moulin. Truffé d'auberges, le quartier était réputé pour sa bière brassée par les ouvriers flamands venus apporter leur savoir-faire à la manufacture des Gobelins.

The square was built in 1938 upon the site of former dependencies belonging to the Mobilier national (National Furnishings Office) and the Manufacture des Gobelins. The square Le Gall is lined by the *rue Croulebarbe* and was named, like this small neighbourhood, after the family that owned the bygone mills that stood along the banks of the Bièvre river. On the corner of the *rue Corvisart* and the *rue Croulebarbe* is a plaque that marks the site of one old mill. The quarter was dotted with inns and was famous for the beer brewed here by the local Flemish community of workers whose skills were in demand at the Manufacture des Gobelins.

Square Le Gall
the Croulebarbe mill

La Bièvre

Square Le Gall, entrée rue Croulebarbe (13e)

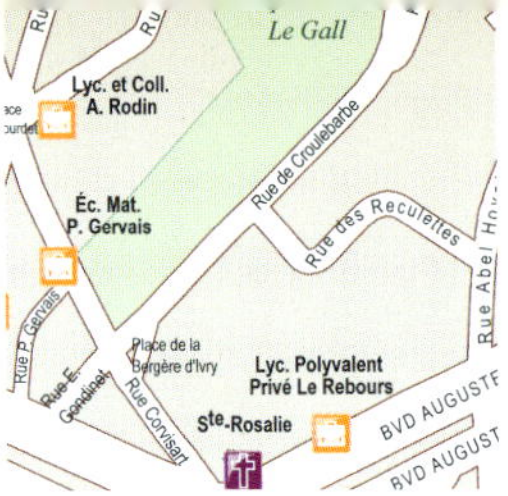

Le jardin est situé à l'emplacement exact du potager des tapissiers de la Manufacture des Gobelins. La Bièvre, qui coulait ici, baignait de petites îles qui étaient des lieux de distraction pour les ouvriers de la manufacture. L'une d'elles fut baptisée l'île aux Singes, car les bateleurs avaient l'habitude d'y laisser leurs animaux gambader en liberté. La Bièvre était alors un lieu plein de vie malgré les odeurs putrides qui s'en dégageaient – les tanneurs y déversant continuellement leurs ordures. Ce ruisseau coule aujourd'hui à l'emplacement de l'ancienne rivière, désormais souterraine.

The public park is situated on the exact spot of the former vegetable garden of the tapestry-makers of the Manufacture des Gobelins. The workers found many sources of distraction in the little islands that dotted the Bièvre river, one of which was called the Island of Monkeys because entertainers used to leave their animals to gambol around there. The Bièvre represented an artery of colourful life, despite the putrid smells it emitted, which were in large part caused by the waste thrown into it by the tanners. A stream (pictured right) now runs at the site of the Bièvre which has been turned into an underground water course.

The Bièvre River

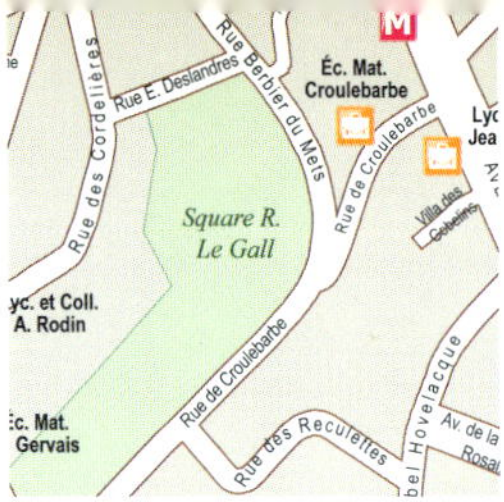

Les décorations rocaille

Square Le Gall, côté rue Berbier-du-Mets

Certains détails décoratifs évoquent également l'époque d'Henri IV, en particulier les fresques en rocaille réalisées en galets, coquillages et fossiles qui représentent des masques et des oiseaux. L'architecte Jean-Charles Moreux s'est inspiré du peintre italien du XVIe siècle, Arcimboldo, qui avait la particularité de réaliser des portraits à partir d'un assemblage pictural de légumes, de fruits ou d'animaux.

Certain decorative elements also recall the era of Henry IV, in particular the rocaille wall reliefs of masks and birds made out of pebbles, sea shells and fossils. The architect Jean-Charles Moreux found inspiration for his creations in the works of the 16th century Italian artist Giuseppi Arcimboldo, admired for his most original human portraits painted as an assembly of numerous vegetable, fruit or animal shapes.

Rocaille decorations

Les lieux et châteaux henriciens autour de Paris

Around Paris, the sites and châteaux dear to Henry

Henri IV entreprend la reconquête de Paris depuis la colline de Montmartre, alors située à l'extérieur de l'enceinte parisienne. Devenu roi, il apporte aux domaines royaux de Saint-Germain-en-Laye et de Fontainebleau des embellissements exceptionnels. Ces grands chantiers de la Renaissance feront de ces splendides châteaux les « maisons des siècles » décrites par Napoléon. Comme pour François Ier, la chasse et les amours sont au cœur de ces demeures henriciennes autour de Paris, dont les « bêtes rousses et noires » de la forêt proche attiraient tant les souverains.

It was from the hill of Montmartre, outside the perimeter walls of Paris, that Henry IV set about retaking the town. Once he had become king, he ordered significant embellishment work to the royal domains of Fontainebleau and Saint-Germain. These grand Renaissance projects transformed the two splendid châteaux into what Napoleon called "the houses of centuries". For Henry IV, just as for King Francis I before him, the hunt and affairs of the heart were the core attraction of these properties close to Paris, where "the dark and red-haired beasts" were so beguiling for the French sovereigns.

vers Saint-Germain-en-Laye
vers Saint-Cloud
vers Fontainebleau
Bois
de
Boulogne
Racing Club
XVIIIe
XVIIe
XIXe
VIIIe
IXe
Xe
XVIe
Ie
IIe
IIIe
XIe
XXe
Cimetière du Père Lachaise
VIIe
IVe
VIe
Ve
XIIe
XVe
XIVe
XIIIe

L'église Saint-Pierre de Montmartre

Ancienne abbaye royale de Montmartre

Vue de la rue du Cardinal Guibert, jouxtant la basilique du Sacré Cœur. Entrée au 2, rue du Mont Cenis. 75018

L'église Saint-Pierre est le vestige de la vieille abbaye où Henri installa son quartier général lorsqu'il entreprit le blocus de Paris par le nord, en 1590. Glosant sur les ardeurs des « mousquetaires au couvent », les chroniqueurs ridiculisèrent ce lieu de débauche supposé, rebaptisé « le magasin des engins de l'armée ». Dans une satire, Navarre sera même comparé à un bouc barbu, entouré de chèvres lascives, avec, à leur tête, la jeune abbesse Claude de Beauvilliers. Une fois couronné roi de France, Henri IV revint souvent sur la Butte sur laquelle il aurait installé Gabrielle d'Estrées dans une vaste maison, dans les vignes.

The Saint-Pierre Church is all that remains today of the former abbey where Henry IV set up general quarters during his 1590 blockade of Paris from the north. Commentators of the time ironically alluded to the ardour of the "convent musketeers" in this supposed place of debauchery, which became nicknamed "the workshop of the army's instruments". Henry was likened to a bearded billy goat surrounded by lustful nanny goats led by the young abbess Claude de Beauvilliers. After he became King of France, Henry IV established Gabrielle d'Estrées in a large house, set among the local vineyards.

Saint-Pierre de Montmartre Church

former Royal Abbey of Montmartre

La basilique de Saint-Denis

Nécropole des rois de France

1, rue de la Légion d'Honneur. 93200 Saint-Denis. À 9 km du centre de Paris par l'Autoroute A1 sortie Saint-Denis - centre ville. Métro : ligne 13, station Basilique de Saint-Denis

À Saint Denis, Henri IV abjure le protestantisme, le 25 juillet 1593. La basilique devient la porte d'entrée de Navarre vers le trône. Elle sera son tombeau. Le 13 mai 1610, on y célèbre le couronnement de la reine Marie de Médicis. Le lendemain, alors qu'il s'apprête à partir en « promenade armée » contre le Saint-Empire, Henri IV meurt assassiné. Il est enterré à Saint-Denis le 1er juillet, à l'issue de plusieurs semaines de cérémonies funèbres. Le 12 octobre 1793, le caveau des Bourbons est mis à sac par la Convention : son corps, bien conservé, est exposé à la foule qui lui prélève des poils de barbe pour en faire des fétiches…

On July 25, 1593, Henry abjured his Protestant faith in Saint-Denis to reach the throne of France. It would also become his tomb. On May 13th 1610, this was where Marie de Medici was crowned Queen of France. The following day, while he prepared an "armed promenade" against the Holy Roman Empire, Henry IV was assassinated. He was buried in Saint-Denis on July 1st 1610. On October 12th 1793, the National Convention, the executive body of the First Republic, organised the ransacking of the Bourbon tombs, when Henry's well-preserved body was exposed to a crowd, some of whom plucked hairs from his beard to keep as a fetish.

Saint-Denis Basilica

the necropolis of the kings of France

Charenton

le pavillon Antoine-de-Navarre

48, rue de Paris, 94220 Charenton-le-Pont

(ouvert durant les journées du Patrimoine)

À la fin du XVIe siècle, le financier italien Barthélemy Cenamy (1546-1611), banquier d'Henri IV, venu en France dans la mouvance des Médicis, fit construire cette résidence, alors décrite comme un domaine agrémenté d'un vaste parc clos. Divers surnoms qualifièrent pour la postérité ce bâtiment : « pavillon Antoine-de-Navarre », « pavillon Cenamy » ou « pavillon Gabrielle », en raison d'une hypothétique rencontre entre Henri IV et la belle Gabrielle d'Estrées. Comme souvent, la légende est belle, mais la dénomination abusive, et si le roi s'entretint ici avec l'une de ses maîtresses, il s'agissait plutôt d'Henriette Catherine d'Entragues, rivale malheureuse de Marie de Médicis.

This residence was built at the end of the 16th century for Barthélemy Cenamy (1546-1611), an Italian financier and banker to King Henry IV who settled in France under the influence of the Medici family. It was at the time described as having large, enclosed gardens. Several names were given to the property, including 'the Antoine-de-Navarre Pavilion', 'the Cenamy Pavilion' and, because of a supposed meeting here between Henry IV and his favourite, Gabrielle d'Estrées, 'the Gabrielle Pavilion'. However, as is often the case with legend, the latter allusion was based more on imagination than reality, for if the king met a mistress here it was more likely to have been Henriette Catherine d'Entragues, the unsuccessful rival of Marie de Medici.

Charenton

Antoine-de-Navarre Pavillon

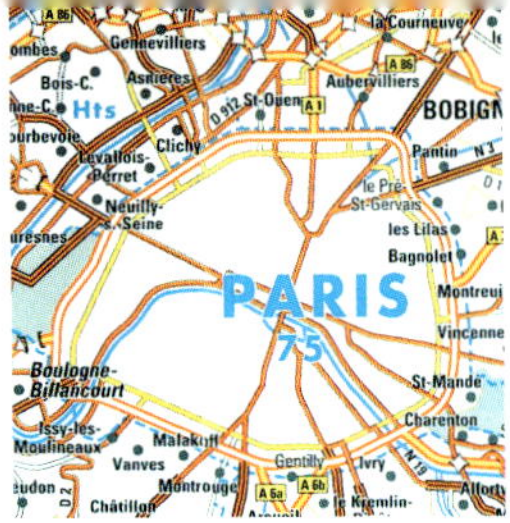

Charenton

le pavillon Antoine-de-Navarre

48, rue de Paris, 94220 Charenton-le-Pont

(ouvert durant les journées du Patrimoine)

Le pavillon Antoine-de-Navarre, splendide construction en brique et en pierre de la fin du XVIe siècle, est le seul édifice charentonnais subsistant de cette période. Il évoque l'importance de Charenton pour les protestants, la promulgation de l'édit de Nantes en 1598 reconnaissant l'existence de la religion réformée. À l'époque, Paris n'a pas encore de temple et le culte est relégué à Grigny. C'est à la demande de Sully qu'Henri IV mandate Jacques II Androuet du Cerceau pour être l'architecte du temple de Charenton, construit pour la communauté réformée parisienne en 1607. Il n'en reste aucun vestige.

This magnificent construction in brick and stone is the only building in Charenton that remains from the late 16th century. It evokes the importance of Charenton for the Protestants following recognition of the reformed church by the promulgation of the Edict of Nantes in 1598. At that time there was no Protestant temple in Paris, and worshipers had to gather in the outlying town of Grigny. It was in response to a request by the Duke of Sully that Henry IV commissioned the architect Jacques II Androuet du Cerceau to build a temple in Charenton, completed in 1607, for the express use of the capital's Protestant community. Nothing remains of it today.

Charenton

Antoine-de-Navarre Pavillon

LA PREMIÈRE FONTE
DE CETTE STATUE
EXECUTEE A ROME
EN 1608 PAR
NICOLAS CORDIER
EN L'HONNEUR DU ROI

Le château de Fontainebleau

le canal

De Paris, par autoroute A6, ou par le train (gare de Lyon) jusqu'à Fontainebleau-Avon (45 minutes) ; un service de bus dessert le château depuis la gare (15 minutes)

À l'extrémité du grand parterre, le canal aménagé par Henri IV offre une perspective magnifique. D'un côté, le bout du canal donne la direction de la paroisse d'Avon, où la cour se rendait fréquemment. De l'autre, la vue panoramique de la double page précédente dévoile au premier plan le quartier Henri-IV, entrepris par le Vert-Galant et récemment restauré au badigeon jaune. On accédait ensuite à la cour Ovale par un grand portail à dôme, la porte du Baptistère, ou porte Dauphine, nommée en souvenir du baptême de Louis XIII qui eut lieu ici en 1601, la cour ayant fui Paris où sévissait la peste.

From the edge of the large parterre, the canal built by Henry IV provides a magnificent perspective. From one side, the view leads towards the parish of Avon, which the court frequently visited. From the other, the panoramic view, illustrated across the preceding double-page, presents Henry IV's quarters. The Oval Courtyard was reached through a large, domed gate called the Gate of Baptism, and also known as the Dauphine Gate. It was named in honour of the baptism of the future King Louis XIII, held here in 1601 after the court had fled to Fontainebleau to escape a plague-struck Paris.

Fontainebleau

the château, the canal

Le château de Fontainebleau

la chambre du dauphin

De Paris, par autoroute A6, ou par le train (gare de Lyon) jusqu'à Fontainebleau-Avon (45 minutes) ; un service de bus dessert le château depuis la gare (15 minutes)

Tout est étrange dans cette pièce. À l'origine, c'était un cabinet pour le roi. On y a installé un lit afin que l'accouchement de Marie de Médicis puisse se dérouler en public. On voit qu'elle a été profondément remodelée, sans doute pour des raisons d'étiquette : les petites portes basses prises dans le lambris ont été élargies, laissant la trace des quatre tableaux supprimés pour l'occasion. C'est la seule pièce où les tableaux sont installés au plafond. Quant aux thématiques d'Ambroise Dubois, loin de commémorer l'événement, elles se déclinent dans des harmonies sombres, où la lune est très présente.

Everything is strange within this room. Originally, it was a study for the king. A bed was set up so that Marie de Medici could give birth in public. It is clear that it was the subject of major modifications, no doubt for reasons of etiquette; the small doors sited in the wood panelling were enlarged, leaving the traces of four paintings that were removed in the process. It is the only room where paintings were placed on the ceiling. The themes of those paintings by Ambroise Dubois, far from commemorating the event of birth, are set in a harmony of sombre colours depicting scenes in which the moon is very present.

Fontainebleau

the château, dauphin's bedchamber

Le château de Fontainebleau

la salle de la Belle-Cheminée

De Paris, par autoroute A6, ou par le train (gare de Lyon) jusqu'à Fontainebleau-Avon (45 minutes) ; un service de bus dessert le château depuis la gare (15 minutes)

En 1597, Henri IV commanda à Matthieu Jacquet une cheminée monumentale de 6 mètres de large, pour l'extrémité de l'aile construite par Primatice au château de Fontainebleau. Lorsqu'elle fut achevée en 1600, elle suscita une admiration unanime, qui lui valut le nom de « Belle-Cheminée ». Démontés par Louis XV qui fit de cette galerie une salle de théâtre, ses morceaux illustrant la bataille d'Ivry, où le roi arbore son fameux panache blanc, sont aujourd'hui exposés au Louvre. Demeure le grand relief équestre placé sur la cheminée griotte que Louis-Philippe fit agrandir par un trompe-l'œil en bois peint.

In 1597, Henry IV commisioned Matthieu Jacquet to create for him a monumental, six metre-tall chimney. It was to be installed in the far end of the wing of the château that had been built by Francesco Primmaticcio, an Italian artist and architect also known as Primatice. When the chimney was completed, in 1600, it was met with such unanimous admiration that it became known as the "Beautiful Chimney". It was later dismantled by King Louis XV, who transformed the gallery into a theatre hall. The chimney parts are today in the Louvre museum.

Fontainebleau

the château, Room of the Beautiful-Chimney

Le château de Fontainebleau

la salle des gardes

De Paris, par autoroute A6, ou par le train (gare de Lyon) jusqu'à Fontainebleau-Avon (45 minutes) ; un service de bus dessert le château depuis la gare (15 minutes)

Henri IV a très certainement admiré le plafond aux poutres peintes et la frise aux motifs guerriers. Cette pièce, qui devait résonner du claquement des hallebardes, servait de passage pour les personnes admises aux audiences royales. Un plancher simple en couvrait le sol, jonché de lits de camps. Aux murs étaient fixés des râteliers où l'on rangeait les armes. Le mobilier, sommaire, contrastait avec l'ornementation actuelle qui entoure le buste d'Henri IV. On distingue, de part et d'autre, les symboles de la force et de la tempérance représentés par un joug de bœuf, et un chien, image de la fidélité.

Henry IV most certainly spent time admiring this ceiling of painted beams and the frieze decorated with motifs of warriors. The room, which once resonated to the sound of halberds, served as a passage way for those who were granted a royal audience. Camp beds were placed upon the simple flooring, and the walls were covered with racks for storing arms. The summary furnishings of the time contrast with the decorations that today surround the bust of Henry IV. Among them, symbols of force and temperance are contained in the yoke for oxen, while faithfulness is portrayed by the effigy of a dog.

Fontainebleau

the château, Guards' Room

Le château de Fontainebleau
la chapelle

De Paris, par autoroute A6, ou par le train (gare de Lyon) jusqu'à Fontainebleau-Avon (45 minutes) ; un service de bus dessert le château depuis la gare (15 minutes)

La chapelle de la Trinité doit son nom au couvent de religieux trinitaires installés ici par Saint Louis. Henri IV apporta une nouvelle décoration exubérante, notamment avec les peintures de Martin Fréminet. Réalisées sur la voûte en berceau, elles ambitionnent de raconter l'histoire de la Rédemption de l'homme. Inspiré par la chapelle Sixtine, le Michel-Ange français n'hésita pas à exprimer toute son extravagance. On remarque enfin, au-dessus du maître-autel, les armes de France et de Navarre étrangement entourées par le seul ordre de la Toison d'or, l'ordre espagnol des Habsbourg.

The Chapel of the Trinity takes its name from the Trinitarian convent established here by King Louis IX. Henry IV added new and vivid decorations, notably with the paintings on the barrel vault by Martin Fréminet, representing the story of the Redemption of Man. Taking his inspiration from the Sistine Chapel, this French Michelangelo gave free expression to his artistic extravagance. Above the high alter can be seen the coat-of-arms of France and Navarre surrounded, strangely, by only the Order of the Golden Fleece, an order of chivalry latterly belonging to the Habsburg monarchs of Spain.

Fontainebleau
the château, the chapel

Le château de Fontainebleau
la galerie des Cerfs

De Paris, par autoroute A6, ou par le train (gare de Lyon) jusqu'à Fontainebleau-Avon (45 minutes) ; un service de bus dessert le château depuis la gare (15 minutes)

La galerie des Cerfs faisait partie d'un complexe de bâtiments créés par Henri IV, entourant complètement le jardin de Diane. On y déambulait lorsque le temps était mauvais, en admirant les peintures représentant les grands domaines de chasse de la couronne, les images de massacres de cerfs et des bois bizarres. Sous Louis XIV, on y stockait le matériel des Menus-Plaisirs, puis on fit construire des appartements en entresol. Les travaux de restauration du second Empire ont permis de retrouver les plafonds et les fresques qui purent être restaurées grâce à un immense travail de documentation.

The Gallery completely surrounds the Diana Garden, and forms part of a series of buildings erected under Henry IV. During days of bad weather, this was a place to stroll and admire the paintings of large royal hunting grounds, images of slaughtered stags and others of strange-looking woods. Under Louis XIV, it served as a storage area for equipment belonging to the royal entertainment office. Later, mezzanine apartments were added. Restoration work carried out in the 19th century, during the Second Empire period, revealed ceilings and frescos. They were renovated after a major documental research.

Fontainebleau
the château, the Gallery of Stags

Le château de Fontainebleau
le jardin de Diane

De Paris, par autoroute A6, ou par le train (gare de Lyon) jusqu'à Fontainebleau-Avon (45 minutes) ; un service de bus dessert le château depuis la gare (15 minutes)

Le jardin de Diane a pour principal ornement la fontaine de Diane, avec son amphithéâtre à gradins, qui lui a donné son nom. Édifiée par Francini en 1603, dépouillée d'une partie de ses bronzes sous la Révolution, restituée partiellement par Napoléon Ier en 1813, elle a retrouvé en 1964 son aspect d'origine. Les chiens urinant et les cerfs crachant de l'eau sont du sculpteur Pierre Biard (1603). C'est dans ce jardin que furent placés au XVIe siècle certains des bronzes d'après l'antique, fondus sous la direction du Primatice et qui valurent à Fontainebleau sous François Ier l'appellation de « Nouvelle Rome ».

The garden took its name from the Fountain of Diana. Built in 1603 by Italian engineer Thommaso Francini, the rim of its basin descends like the terraces of an amphitheatre. The urinating dogs and the water-spitting stags are by the sculptor Pierre Briard. After a partial restoration oby Napoleon Ist in 1813, it was completely returned to its original condition in 1964. In the 16th century, under King Francis I, a number of antique style bronze statues, cast under the management of the Italian artist Francesco Primmaticcio, were exposed in the garden, lending Fontainebleau the name of 'New Rome'.

Fontainebleau
the château, Garden of Diana

Le château de Saint-Germain-en-Laye

le Château Vieux

19-21, rue Thiers, 78100 Saint-Germain-en-Laye (RER ligne A, station Saint-Germain-en-Laye, à 20 minutes de Charles-de-Gaulle-Étoile)

Aujourd'hui musée d'Archéologie nationale, le Château Vieux de Saint-Germain-en-Laye fut l'une des résidences préférées des rois de France, ainsi que le cadre de nombreux traités. Jeanne d'Albret, la mère du futur Henri IV, y naquit et Louis XIII y vécut ses derniers instants, le 14 mai 1643, trente-trois ans jour pour jour après l'assassinat de son père. Ce dernier y passa de très nombreux moments, de la préparation du siège de Paris en 1589 à la grossesse de Gabrielle d'Estrées en 1594. Cavalier hors pair, notre « Hercule gaulois » s'y rendait en quelques heures, franchissant par deux fois les méandres de la Seine.

Today home to the French National Archaeological Museum, the Château Vieux (Old Château) of Saint-Germain-en-Laye was once one of the favourite residences of French kings. Many treaties were signed here and it was also the birth place of Henry IV's mother, Jeanne d'Albret. It was also where, on May 14th 1643, Louis XIII lived his very last moments, exactly 33 years to the day after the murder of his father. The latter spent much time at the château, notably during his preparations for the siege of Paris in 1589, and during the pregnancy of Gabrielle d'Estrées, in 1594.

Saint-Germain -en-Laye

the Old Château

Le château de Saint-Germain-en-Laye

le Château Vieux, la cour intérieure

19-21, rue Thiers, 78100 Saint-Germain-en-Laye (RER ligne A, station Saint-Germain-en-Laye, à 20 minutes de Charles-de-Gaulle-Étoile)

Idéalement situé entre la Seine et la forêt, loin des miasmes de la Ville, le Château Vieux voit installer, en 1604, tous les enfants légitimes et naturels d'Henri IV, au grand dam de la reine Marie de Médicis. Le « troupeau » des seize rejetons du Vert-Galant est logé dans l'aile des Enfants de France, sous la houlette d'une gouvernante unique. Parmi eux, le dauphin, futur Louis XIII, jouit des faveurs de son père. Tandis que ses frères et sœurs jouent à la paume ou au mail dans les fossés, le garçon guette les retours de chasse du roi, juché sur la terrasse en dalles de pierre du château Renaissance.

Ideally situated between the river Seine and forested land, far from the noxious town, the Old Château was where all of Henry IV's children, legitimate and natural, set up home – to the displeasure of Marie de Medici. This 16-strong 'horde' of Henry's offspring took up lodgings in a wing called Enfants de France (Children of France), under the command of just one governess. Amongst the youngsters was the dauphin, the future King Louis XIII, who enjoyed the particular favour of his father.

Saint-Germain-en-Laye

the Old Château, inner courtyard

Le château de Saint-Germain-en-Laye

le Château Vieux, façade

19-21, rue Thiers, 78100 Saint-Germain-en-Laye (RER ligne A, station Saint-Germain-en-Laye, à 20 minutes de Charles-de-Gaulle-Étoile)

Du côté du bourg de Saint-Germain, le donjon et la chapelle Saint-Louis plongent le visiteur dans l'époque médiévale. Sans doute édifié en 1238 par Pierre de Montreuil, qui travailla également à la basilique de Saint-Denis, la magnifique chapelle de style gothique rayonnant a constitué le prototype de la Sainte-Chapelle du palais de la Cité, à Paris. L'édifice est incorporé au château par François Ier, puis définitivement enchâssé par Jules Hardouin-Mansart entre deux nouvelles tours carrées qui feront perdre leur luminosité aux hautes verrières de l'église.

The dungeon and the Saint-Louis Chapel offer visitors a true immersion into medieval times. The magnificent, shining Gothic-style chapel was most probably built in 1238 by Pierre de Montreuil. It was made part the château by King Francis I. Subsequently, Jules Hardouin-Mansart more definitively enclosed it within the château complex by adjoining two new square towers on either side, which had the effect of diminishing the intensity of light that once shone through the high windows of the chapel.

Saint-Germain-en-Laye

the Old Château, façade

Le château de Saint-Germain-en-Laye

le Château Vieux, la chapelle royale

RER ligne A, station Saint-Germain-en-Laye,
à 20 minutes de Charles-de-Gaulle-Étoile (accès libre)

C'est ici que Baudoin II, empereur de Constantinople, céda à Saint Louis les reliques de la couronne d'épines du Christ. On admire les fenêtres rectangulaires de la chapelle, alors qu'elles sont habituellement ogivales dans leur partie supérieure, dans les constructions gothiques. Baptêmes et mariages royaux s'enchaînent au cours des siècles sous la rosace de 10 mètres carrés autrefois garnie de verres peints. Fait exceptionnel, on pratiquera en 1561 dans la chapelle royale le *Simultaneum*, l'alternance des deux cultes catholique et protestant, témoignage fugace de tolérance aux temps des guerres de religion.

This is where Baldwin II of Constantinople passed to Saint-Louis (King Louis IX) the relics of the holy crown of Christ. The rectangular shape of the windows of the chapel contrast with the more usual ogival form used in Gothic constructions. Over the centuries, successive royal baptisms and marriages were performed under the rose window. Its surface area of ten square metres was once composed of painted glass. In 1561, the Royal Chapel notably practiced *Simultaneum* services whereby the Catholic and Protestant religions were alternately worshiped.

Saint-Germain-en-Laye

the Old Château, Royal Chapel

Le château de Saint-Germain-en-Laye

le Château Neuf, pavillon Henri-IV

19-21, rue Thiers, 78100 Saint-Germain-en-Laye (RER ligne A, station Saint-Germain-en-Laye, à 20 minutes de Charles-de-Gaulle-Étoile)

À Saint-Germain-en-Laye, Henri IV poursuit les travaux d'Henri II, entamés sur la pente de la colline surplombant la Seine. La « Maison de théâtre et de baignerie » devient, en quelques années, le Château Neuf, considéré en 1610 comme la cinquième merveille du royaume de France, avec les galeries du Louvre aux Tuileries, le Pont-Neuf, le Parc Royal et le château de Fontainebleau. De cette résidence royale, il ne reste que le pavillon Henri-IV, aujourd'hui dévolu à un hôtel-restaurant. Ce pavillon était jadis accessible par une longue galerie, peinte par Toussaint Dubreuil, que le roi arpentait à couvert en tenant ses conseils itinérants.

Henry IV continued the building work begun by Henry II, on the slope of the hill that overlooks the river Seine. What was at first known as "the house of theatre and bathing" became, in the space of just a few years, the New Château. In 1610, it was considered to be one of the five wonders of the kingdom of France, after the Louvre-Tuileries galleries, the Pont-neuf, the Royal Park and the Château of Fontainebleau. All that is now left of this royal residence is the Henry IV *pavillon*, today a hotel and restaurant.

Saint-Germain-en-Laye

the New Château, Pavillon Henri IV

PAVILLON HENRI IV RESTAURANT

Le château de Saint-Germain-en-Laye

le Château Neuf, l'oratoire

19-21, rue Thiers, 78100 Saint-Germain-en-Laye (RER ligne A, station Saint-Germain-en-Laye, à 20 minutes de Charles-de-Gaulle-Étoile)

Salon privé de l'hôtel, à l'extrémité nord du pavillon Henri-IV, l'oratoire a conservé sa structure d'époque. Côté ornementation, seuls les pilastres corinthiens rappellent l'époque du bon roi Henri, dans ce décor rococo, sous la voûte présentant une peinture allégorique du XIXe siècle montrant un triomphe de Louis XIV. La chapelle nous rappelle la naissance de Louis Dieudonné, le 5 septembre 1638, que sa mère, la reine Anne d'Autriche, conduisit immédiatement à l'oratoire pour qu'il y soit ondoyé. Le Roi-Soleil passa ici le plus clair de son temps, de 1661 à 1682.

The oratory is situated at the far north end of the *pavillon*. Of the ornamentations in this rococo décor, only the Corinthian pilasters recall the times of Henry IV. A 19th century allegorical painting, illustrating a triumph of Louis XIV, covers the vault. For not only did the Sun King spend most of his time here between 1661 and 1682, the château of Saint-Germain was also his place of birth, on September 5th 1638. His mother, Anne of Austria, immediately brought the new born Louis Dieudonné to the oratory to be baptised.

Saint-Germain-en-Laye

the New Château, oratory

Le château de Saint-Germain-en-Laye

le Château Neuf, la grotte de l'oratoire

19-21, rue Thiers, 78100 Saint-Germain-en-Laye (RER ligne A, station Saint-Germain-en-Laye, à 20 minutes de Charles-de-Gaulle-Étoile)

Sous l'oratoire, on distingue en rez-de-jardin la porte murée qui renferme un trésor architectural : les vestiges d'un décor dans le style des nymphées, fait de mosaïques de coquillages et de petits galets, de concrétions marines, de marbres et de coraux. Cette « grotte », comme on l'appelait à l'époque d'Henri IV, était en réalité un salon de fraîcheur où la cour venait se divertir. En descendant plus bas dans le jardin, on accédait à d'autres grottes où se trouvaient de prodigieux automates animés par des jeux d'eaux, imaginés par les frères Francini, et qui firent la renommée du Château Neuf.

Below the oratory, at the garden level, an architectural treasure lies hidden behind a walled-up door; called a 'grotto' in Henry IV's time, it was in reality a cool room where members of the court came to amuse themselves amid the décor created by a mosaic of sea shells and small pebbles, marine concretions, marble and coral. Further down the garden were other grottoes with fantastic automata driven by water jets. The New Château was reputed for these stunning machines, designed by the Francini brothers, Thomas and Alexandre.

Saint-Germain-en-Laye

the New Château, oratory grotto

Le château de Saint-Germain-en-Laye

le Château Neuf, le mur des Lions

19-21, rue Thiers, 78100 Saint-Germain-en-Laye (RER ligne A, station Saint-Germain-en-Laye, à 20 minutes de Charles-de-Gaulle-Étoile)

Sous les façades du pavillon Henri IV, surplombant la route du Pecq, un grand mur de soutènement en pierre et brique datant du temps d'Henri IV révèle encore ses décorations de bossages vermiculés ornées de grands médaillons. Descendant sur des jardins en terrasse inspirés par la Villa d'Este, à Tivoli, des rampes symétriques permettaient au roi de remonter à cheval depuis la Seine. Les galeries étagées, trouées de grottes humides remplies d'automates, faisaient songer au temple de Préneste et aux jardins suspendus de Babylone. Émerveillant les visiteurs, Saint-Germain acquit ainsi une réputation exceptionnelle.

Under the façades of the Henry IV *pavillon*, is a large retaining wall in stone and brick dating from the reign of Henry IV. Decorated with vermiculated bosses adorned with large medallions, it descends upon terraced gardens inspired by the Villa d'Este, in Tivoli, Italy. The symmetrical ramps allowed the king to climb by horse from the river Seine. The tiered galleries, in which were cut damp grottoes filled with automata, held a resemblance with the temple at Praeneste and the Hanging Gardens of Babylon.

Saint-Germain-en-Laye

the New Château, Wall of Lions

Le château de Saint-Germain-en-Laye

le Château Neuf
le pavillon du Jardinier

Au 4, avenue du Pavillon-Sully, 78230 Le Pecq
(visite durant les journées du Patrimoine ou sur réservation auprès de la propriétaire, Mme de Chamborant, au 01 34 51 31 86)

De la terrasse supérieure, Henri IV pouvait contempler un jardin de mûriers blancs, une orangerie et un parterre de broderies à la française aux chiffres du roi et de la reine. C'est en 1609, un an avant la mort du roi, que le pavillon du Jardinier, appelé depuis le pavillon Sully, est achevé. Son toit d'origine était recouvert d'ardoises, mais il a peut-être perdu son parement de brique qui lui procurait une chatoyante teinte écarlate. De là, la « petite troupe » des enfants du premier Bourbon descendait vers le jardin des Canaux, qui remplaçait la « baignerie » des Valois.

From the upper terrace, Henry IV could gaze over a garden of white mulberry trees, an orangery and a French-style parterre shaped into the monograms of the king and the queen. The gardener's *pavillon* was completed in 1609, one year before the king's death, renamed since as the Pavillon Sully. It was from here that the 'little troupe' of children fathered by the first Bourbon king would descend towards the Garden of Canals.

Saint-Germain-en-Laye

the New Château, Gardener's House

Le château de Saint-Germain-en-Laye

le Château Neuf, le pavillon du Jardinier

Au 4, avenue du Pavillon-Sully, 78230 Le Pecq
(visite durant les journées du Patrimoine ou sur réservation auprès de la propriétaire, Mme de Chamborant, au 01 34 51 31 86)

Le pavillon Sully offre un merveilleux exemple de fenêtres passantes, caractéristiques de la Renaissance française. Celles-ci apparaissent sur les façades au milieu du XVIe siècle. Contrastant avec la lucarne classique, ce type de fenêtres qui coupent la corniche supérieure au niveau du toit lui procurent une élégance épurée. On les retrouve dans de nombreuses demeures de l'époque. Quant aux bustes situés sur les alcôves de part et d'autre de la façade, ils ont été ajoutés par la suite.

The gardener's pavillon, now called the Pavillon de Sully, offers a fine example of the dormer windows that were typical of the French Renaissance style, and which began appearing on building façades from the middle of the 16th century. Dormer windows cut above the upper cornice at roof level, adding a refined elegance to a building's form. The busts that can be seen in the recesses of the façade were added later.

Saint-Germain-en-Laye

the New Château, the Gardener's House

Sommaire

Table of contents

L'auteur tient à remercier tout particulièrement Jean-Pierre Babelon, Membre de l'Institut, directeur général honoraire du château et du domaine national de Versailles.

Remerciements à la Société Henri IV (www.societe-henri-iv.eu/) et son président Jacques Perot ; Geneviève Bresc-Bautier, conservateur général chargé du Département des sculptures du Musée du Louvre ; Emmanuel Lurin, maître de conférences en histoire de l'art moderne à l'université de Paris-Sorbonne ; Vincent Droguet, conservateur du Patrimoine au château de Fontainebleau ; Patrick Périn, conservateur général du Patrimoine, directeur du Musée d'Archéologie Nationale à Saint-Germain-en-Laye ; Patrice Corre, proviseur du Lycée Henri IV ; Didier Peyramaure, intendant au Lycée Henri IV ; Géraud Bénech, enseignant ; Bernard Berdou d'Aas, avocat, membre de la société Henri IV. Emmanuelle Toulet, directrice de la Bibliothèque historique de la Ville de Paris.

Éditrice : Volcy Loustau
Mise en pages : Compo Gravure Industries
Fabrication : Amandine Sevestre

Relecture correction : Marianne Colombier
Traduction anglaise et mise en page des légendes anglaises : Graham Tearse et Else
Plans : © Intercarto

Nuart : 34/2318/3
ISBN : 978-2-81230-156-8
Dépôt légal : avril 2010
Imprimé en Espagne par Graficas Estella